国家示范性高等职业教育电子信息大类"十三五"规划教材

办公自动化项目化教程

主 编 梅 清 徐洁云 吴 娟
副主编 袁 梅 王 鑫

华中科技大学出版社
中国·武汉

内容提要

本书以 Windows 7 和 Office 2013 为基础，结合信息化办公的工作特点，以实际工作中的常用操作为例，系统讲述了计算机在办公自动化中的应用。本书内容主要包括认识办公自动化、Windows 7 操作系统的使用、Word 2013 的应用、Excel 2013 的应用、PowerPoint 2013 的应用。

本书不仅注重编程基础知识的学习，还强调基本技能的训练，所以在内容的编排上，注重难度由浅入深，讲述详细清晰，语言准确，示例丰富。

本书编者由拥有教学经验和实际项目开发经验的教师组成，书中大量的教学实例，既有较强的理论性，又具有鲜明的实用性。为了方便教学，本书还配有教学课件等教学资源包，任课教师和学生可以登录"我们爱读书"网（www.ibook4us.com）注册并浏览，任课教师还可以发邮件至 hustpeiit@163.com 索取。

本书既可作为高职高专院校计算机及其相关专业的教材，也可以作为编程爱好者的自学教材和相关水平考试的参考教材。

图书在版编目(CIP)数据

办公自动化项目化教程/梅清，徐洁云，吴娟主编．—武汉：华中科技大学出版社，2016.8(2022.1重印)
国家示范性高等职业教育电子信息大类"十二五"规划教材
ISBN 978-7-5680-0853-2

Ⅰ.①办… Ⅱ.①梅… ②徐… ③吴… Ⅲ.①办公自动化-高等职业教育-教材 Ⅳ.①C931.4

中国版本图书馆 CIP 数据核字(2015)第 099654 号

办公自动化项目化教程
Bangong Zhidonghua Xiangmuhua Jiaocheng

梅 清 徐洁云 吴 娟 主 编

策划编辑：康 序
责任编辑：史永霞
封面设计：原色设计
责任监印：朱 玢
出版发行：华中科技大学出版社(中国·武汉)　　电话：(027)81321913
　　　　　武汉市东湖新技术开发区华工科技园　　邮编：430223
录　排：武汉正风天下文化发展有限公司
印　刷：武汉邮科印务有限公司
开　本：787mm×1092mm　1/16
印　张：11.5
字　数：272千字
版　次：2022年1月第1版第3次印刷
定　价：28.00元

本书若有印装质量问题，请向出版社营销中心调换
全国免费服务热线：400-6679-118　竭诚为您服务
版权所有　侵权必究

办公自动化是将现代化办公和计算机网络功能结合起来的一种新型办公方式。随着办公自动化应用的日益广泛和深入,应用办公自动化已经成为现代办公过程中的一种必备技能。因此,办公自动化课程也成为高职高专学生学习的基础课程。

本书针对高等职业教育人才培养的需要,突出职业素质教育和技术应用能力,强调理实一体化的教学方法。各章节首先介绍相关的基本知识,然后通过程序实例强调基本技能的训练,最后辅以实训项目。

本书采用了"学习目标-操作概述-操作步骤-知识链接"教学法,激发学生学习兴趣,细致讲解理论知识,重点训练动手能力,有针对性地解答常见问题。

本书的教学目标是循序渐进地帮助学生掌握办公自动化的相关知识,让他们能使用计算机办公,并使用Office办公软件完成相关工作,能使用互联网实现网络办公。结合高职高专办公自动化课程的需要,本书包括以下几个项目。

项目1 认识办公自动化:主要介绍办公自动化的概念,让学生从外观上认识计算机、打印机、复印机、扫描仪,了解计算机的基础组成和使用。

项目2 Windows 7 操作系统的使用:主要介绍 Windows 7 的基本操作、文件管理、附件的使用。

项目3 Word 2013 的应用:主要介绍 Word 2013 的基本操作、Word 2013 办公技法与应用及 Word 2013 的综合应用,让学生掌握使用 Word 2013 制作传真封面、个人简历、公司信纸、项目合作建设协议书、研究报告、课程表、工作证、入场券、活动传单等实际任务,并能够进行图文混排。

项目4 Excel 2013 的应用:主要介绍了 Excel 的基本功能、单元格数据的输入与设置、公式和函数的使用、数据库功能、创建图表。

项目5 PowerPoint 2013 的应用:通过"乌云遮住太阳"和"展开的画卷"动画制作,让学生对PPT的动画方案和页面切换方案及字体动作方案的各种基本操作有充分的了解。

本书由长期工作在高职高专教学一线的教师编写,由武汉城市职业学院梅清、徐洁云、吴娟任主编,由桂林理工大学南宁分校袁梅、辽宁建筑职业学院王鑫任副主编。其中,项目1由王鑫老师编写,项目2由梅清老师编写,项目3由徐洁云老师编写,项目4由吴娟老师编

I

写,项目5由袁梅老师编写。全书由梅清老师统稿。

为了方便教学,本书还配有教学课件等教学资源包,任课教师和学生可以登录"我们爱读书"网(www.ibook4us.com)注册并浏览,任课教师还可以发邮件至 hustpeiit@163.com 索取。

虽然编者在编写过程中力求准确无误、尽善尽美,但由于时间仓促,书中的内容仍难免包含错误或不足之处,恳请读者批评指正。

编者

2019年5月

CONTENTS 目录

项目1 认识办公自动化
- 任务1 办公自动化的概念 …… 1
- 任务2 从外观上认识现代办公自动化常用设备 …… 4
- 任务3 计算机的基本使用 …… 5

项目2 Windows 7 操作系统的使用
- 任务1 Windows 7 的基本操作 …… 16
- 任务2 Windows 7 的文件管理 …… 25
- 任务3 Windows 7 附件的使用 …… 32

项目3 Word 2013 的应用
- 任务1 Word 2013 的基本操作 …… 37
- 任务2 Word 2013 办公技法与应用 …… 43
- 任务3 Word 2013 的综合应用 …… 96

项目4 Excel 2013 的应用
- 任务1 Excel 2013 的基本功能 …… 125
- 任务2 单元格数据的输入与设置 …… 131
- 任务3 公式和函数的使用 …… 136
- 任务4 数据库功能 …… 141
- 任务5 创建图表 …… 146
- 任务6 打印设置 …… 148

项目5 PowerPoint 2013 的应用
- 任务1 PowerPoint 2013 的工作界面操作 …… 152
- 任务2 幻灯片的编辑 …… 155
- 任务3 多媒体处理及动作处理操作 …… 166
- 任务4 表格及其他 …… 174

项目1　认识办公自动化

众所周知,传统的办公模式以纸为主,且需靠人力实现传送。近几十年来,信息技术飞速发展,信息革命不断冲击,传统办公模式远远不能满足高效率、快节奏的现代工作和生活的需要。实现办公自动化逐步得到了人们的重视与认可。办公自动化的目的是尽可能充分利用信息资源,提高生产率、工作效率和质量,辅助决策,取得更好的经济效果。

任务1　办公自动化的概念

办公自动化(office automation,简称OA)是将现代化办公和计算机网络功能结合起来的一种新型的办公方式。目前较具权威性的定义有以下两个。

(1)季斯曼定义——美国麻省理工学院 M.C.季斯曼。

办公自动化就是将计算机技术、通信技术、系统科学与行为科学应用于传统的数据处理技术难以处理且量非常大而结构又不明确的那些业务上的一项综合技术。

(2)我国专家的定义。

办公自动化利用先进的科学技术,不断地使人的一部分办公业务活动物化于人以外的各种设备中,并由这些设备与办公人员构成服务于某种目标的人机信息处理系统。

个人办公自动化:多指个人办公的计算机应用技术,包括文字处理、数据处理、报表处理,以及语音处理、图形图像处理等多媒体技术。

群体办公自动化:支持群体间动态办公的综合网络协同办公自动化系统,用于多单位协同工作中。

【知识链接】

1. 办公自动化的特点

办公自动化是信息化社会最重要的标志之一,它将许多独立的办公职能一体化,提高了自动化程度及办公效率,从而获得更大效益,并对信息社会产生了积极的影响。它的主要特点如下。

(1)办公自动化是当前国际上飞速发展的,涉及文秘、行政管理等多种学科并利用计算机、网络通信、自动化等技术的一门新型综合性学科。

办公自动化理论基础中的计算机技术、通信技术、系统科学、行为科学是办公自动化的四大支柱或称四大支撑技术。可以说,办公自动化是以行为科学为主导,以系统科学为理论基础,综合运用计算机技术和通信技术完成各项办公业务的一门新型综合性学科,是一个信息化社会的时代产物。

（2）办公自动化是融人、机器、信息资源三者为一体的人机信息系统。其中：人起决定因素，它是信息加工的设计者、指导者和成果享用者；而机器是指办公设备，它是办公自动化的必要条件，是信息加工的工具和手段；信息资源则是办公自动化中被加工的对象。一个典型的办公自动化系统包括信息的采集、加工、传递和保存四个基本环节。简而言之，办公自动化综合并充分体现了人、机器和信息资源三者的关系。

（3）办公自动化将包括文字、数据、语言、图像等在内的办公信息进行一体化处理，它把基于不同技术的办公设备用网络联成一体，使办公室真正具有综合处理信息的功能。

（4）办公自动化的目标明确，能够优质、高效地处理办公信息和事务，提高了办公效率和质量。它是一种辅助手段，便于人们产生更高价值的信息，使办公活动智能化。

2．办公自动化的功能

（1）文件阅读、文件批示、文件处理、文件存档等事务。

（2）草拟文件、制订计划、起草报告、编制报表、资料整理、记录、拍照、文件打印等事务。

（3）文件收发、保存、复制、检索、电报、电传、传真等事务。

（4）会议、汇报、报告、讨论、命令、指示、谈话等事务。

3．办公自动化的发展

20世纪80年代初，自动化技术、计算机技术和通信技术等三大技术的迅猛发展，为办公自动化奠定了必要的物质基础和技术基础。

1）国外办公自动化系统的发展

20世纪70年代后期，美、英、日等发达资本主义国家开始办公自动化理论和技术的研究。美国是推行办公自动化最早的国家，其发展大致经历了4个阶段：

① 单机设备阶段（1975年以前）；

② 局域网阶段（1975—1982年）；

③ 一体化阶段（1983—1990年）；

④ 多媒体信息传输阶段（20世纪90年代以后）。

日本办公自动化的起步稍晚于美国。但是，日本针对本国的国情制定了一系列发展本国办公自动化的规划，并建立了相应的执行机构，组建了办公自动化的教育培训中心。随后完成的日本东京都政府办公大楼，成为一座综合利用了各种先进技术的智能大厦，是当代办公自动化先进水平的代表。

2）我国办公自动化系统的发展

我国办公自动化的发展，始于20世纪80年代初，近20年的发展，已形成初步规模，其发展大致可分为3个阶段：

① 启蒙与准备阶段（1981—1985年）；

② 初见成效阶段（1986—1990年）；

③ 稳步发展阶段（1992年以后）。

在现代技术、设备支持下，办公自动化及其系统呈现出小型化、集成化、网络化、智能化及多媒体化 5 大趋势。

(1) 小型化。

早期的计算机是一个庞大的系统。今天的高性能微机,其各项性能指标已经大大超过了早些年的小型机甚至大型机,而且不必加特殊防护装置(如机房)。光、磁存储技术的发展,使大规模数据存储成为可能,也使得计算机的体积进一步缩小。如今,台式设备以及便携式设备已经成为办公自动化的主流设备。据美国对自身市场的调查,1994 年,美国市场共销售了 2000 万台 PC 机、300 万台 Mac 机和 600 万台 Unix 工作站。PC 机和 Mac 机的市场销售份额已经占到了 25% 以上。小办公室/家庭办公设备迅速增长,系统的小型化已经成为一种趋势。

(2) 集成化。

办公自动化系统最初往往是单机运行,至少是分别开发的。如一个跨国公司,开始是由各子公司自行建立各自的子系统,以完成内部事务处理业务。由于所采用的软、硬件可能出自多家厂商,软件功能、数据结构、界面等也会因此不同。随着业务的发展、信息的交流,人们产生了集成的要求,具体如下。

网络的集成:实现异构系统下的数据传输,这是整个系统集成的基础。

应用程序的集成:实现不同的应用程序在同一环境下运行和同一应用程序在不同节点下运行。

数据的集成:不仅是交互数据,而且要实现数据的互操作和解决数据语义的异构问题,以真正实现数据共享。

界面的集成:实现不同系统下操作环境的一致,至少是相似。此外,操作方法、系统功能等也都向着集成化的方向发展。

(3) 网络化。

随着微机安装量的增长,分散的 OA 系统已不能满足需要,联网便成为一个必然的趋势。未来的 OA 网络已经不仅仅是本单位、本部门的局域网互联,而将发展成为各种类型网(数据网、SDN 网、PABX 网、局域网等)的互联;局域网、广域网、全球网的互联;专用网与公用网的互联等。总之,建立完全的网络环境,使 OA 系统超越时空的限制,这也是实现移动办公、在家办公、远程操作的基础。

(4) 智能化。

给机器赋予人的智能,一直是人类的梦想。人工智能是当前计算机技术研究的前沿课题,也已经取得了一些成果。这些成果虽然还远远未达到让机器像人一样思考、工作的程度,但已经可以在很多方面对办公活动予以辅助。

(5) 多媒体化。

多媒体技术是 20 世纪 90 年代最富吸引力的话题。它把计算机技术、网络通信技术和声像处理技术结合起来,以集成性(多种信息媒体综合)、交互性(人-机交互)、数字化(模拟信息数字化)为特点,可以为办公活动提供多方位的支持,如为管理人员提供多彩的工作环境、生动的人-机界面,特别是全面的信息处理。

总而言之,办公自动化是一个不断发展、不断提高、不断完善的有机体。随着社会需求、支撑技术的发展,办公自动化必将不断呈现出新的面貌。

任务 2　从外观上认识现代办公自动化常用设备

随着计算机和通信技术的飞速发展,现代化办公设备档次不断提高,工程技术人员或者办公人员都会使用到大量的办公设备,比如计算机、打印机、复印机、扫描仪等。因此,掌握基本的办公设备使用常识是很必要的。

操作一　从外观上认识计算机、打印机、复印机、扫描仪

【学习目标】

从外观上认识计算机、打印机、复印机、扫描仪。

【操作概述】

从下列设备中找出计算机、打印机、复印机、扫描仪。

【操作步骤】

从图 1-1 中分别找出台式计算机、一体机、笔记本、平板电脑、打印机、复印机、扫描仪。

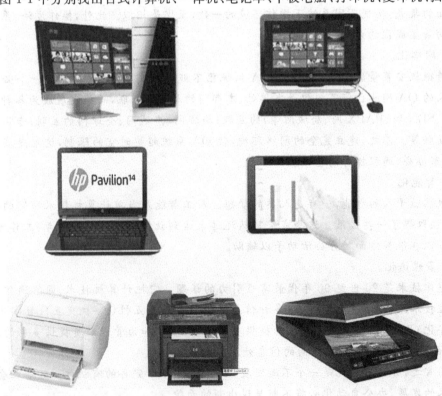

图 1-1　台式计算机、一体机、笔记本、平板电脑、打印机、复印机、扫描仪

任务 3 计算机的基本使用

操作一 计算机的基础组成

【学习目标】

认识计算机的组成。

【操作概述】

认识计算机的主机、显示器、鼠标和键盘。

【知识链接】

1. 主机

主机是一个笼统的概念,它是指一个带有主板、CPU、内存、显卡、硬盘和电源等计算机配件的机箱,如图 1-2 和图 1-3 所示。

2. 显示器

显示器是计算机最主要的输出设备,用于将主机运算或执行命令的结果显示出来。与 CRT 显示器相比,液晶显示器的优点是没有辐射,但它不如 CRT 显示器颜色艳丽,如图 1-4 所示。

3. 键盘和鼠标

键盘和鼠标是计算机最重要的输入设备,主要用于向计算机发出指令和输入信息,如图 1-5 所示。

图 1-2 主机内部结构图

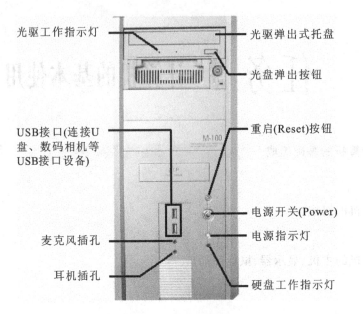

图 1-3　主机正面图

图 1-4　显示器　　　　　　　　　图 1-5　键盘和鼠标

4. 打印机与扫描仪

打印机是计算机的输出设备,它可以将我们编排好的文档、表格及图像等内容输出到纸上。而扫描仪与其作用正相反,它是计算机的输入设备,主要是将我们要进行处理的文件、图片等内容输入到计算机中,如图1-6所示。

图 1-6　打印机与扫描仪

5．音箱

计算机音箱主要是指围绕计算机等多媒体设备而使用的音箱,音箱是整个音响系统的终端,其作用是把音频电能转换成相应的声能,并把它辐射到空间去,如图1-7所示。

6．USB闪存盘与移动硬盘

闪存盘是一种体积非常小的移动存储装置。其工作原理是将数据存储于内置的闪存芯片中,并利用USB接口在不同计算机间进行数据交换。移动硬盘是以硬盘为存储介质,计算机之间交换大容量数据,强调便携性的存储产品。USB闪存盘与移动硬盘如图1-8所示。

图1-7 音箱

图1-8 USB闪存盘与移动硬盘

7．计算机系统

计算机系统分为硬件系统和软件系统两大部分,硬件系统相当于人的身体,而软件系统相当于人的灵魂。硬件主要包括计算机、打印机、传真机等常用办公设备。主机是一台计算机的核心部件,通常都放在一个机箱里。而外部设备包括输入设备(如键盘、鼠标)和输出设备(如显示器、打印机)等,如图1-9所示。

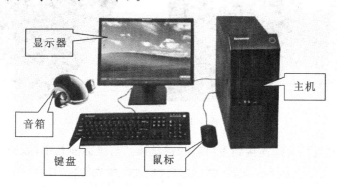

图1-9 台式计算机

操作二 计算机的连接

【学习目标】

正常使用计算机。

【操作概述】

将主机、显示器、鼠标和键盘连接起来,便于正常使用计算机进行办公。

【操作步骤】

前面我们对计算机有了一定了解,现在让我们共同来完成连接计算机的具体步骤。

Step 01　认识主机背后的各插孔,了解其作用,如图1-10所示。

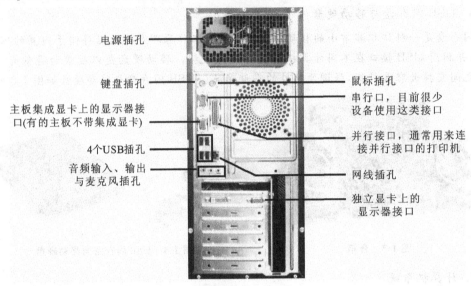

图1-10　主机背后的各插孔

Step 02　将电源线的匹配端接到主机箱上的电源插孔中,如图1-11所示。

图1-11　电源插孔

Step 03　将键盘与鼠标连接到主机箱的键盘插孔与鼠标插孔中,如图1-12所示。

图1-12　键盘插孔与鼠标插孔

Step 04　将显示器的信号电缆连接到主机箱的显示器接口上,如图1-13所示。

Step 05 将网线连接至网卡插孔,如图1-14所示。

图 1-13 显示器接口　　　　　　　　　　　1-14 网卡插孔

Step 06 将主机、显示器的电源线连接到电源插座上。

操作三　设置漂亮的桌面背景

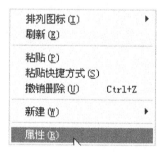

图 1-15 选择【属性】命令

【学习目标】

学会使用计算机桌面背景设置。

【操作概述】

使用计算机系统软件设置计算机桌面背景。

【操作步骤】

Step 01 启动计算机。

Step 02 在桌面空白处,单击鼠标右键,在弹出的快捷菜单中选择【属性】命令,如图1-15所示。

Step 03 单击【桌面】选项卡,选择系统提供的背景图片,如图1-16所示。

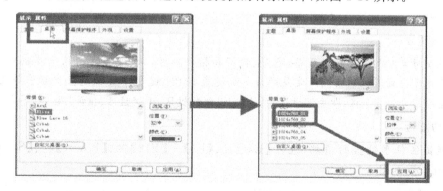

图 1-16 设置桌面背景图片

Step 04 选择其他图片作为背景桌面,如图1-17所示。

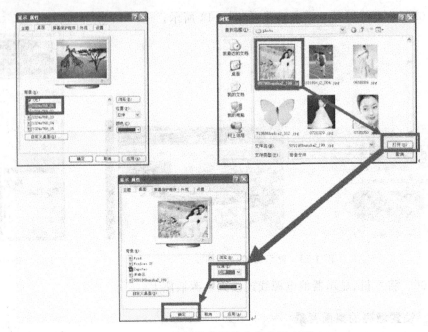

图1-17 选择其他图片作为背景桌面

操作四 键盘和鼠标的操作 ▼

【学习目标】

了解键盘和鼠标的操作。

【操作概述】

通过图片观察、认识键盘、鼠标。

【知识链接】

键盘和鼠标是计算机最基本的输入设备。

1. 键盘

1) 键盘分区

键盘是计算机的基本输入设备,程序、数据和指令都可以通过键盘输入计算机中,掌握键盘的操作是学习计算机的前提。常见的计算机键盘有101键盘、104键盘、108键盘等几种。

键盘通常分为5个区,即主键盘区、功能键区、编辑键区、小键盘区、指示灯区,如图1-18所示。

2) 功能键区

功能键区位于键盘的顶端,包括【Esc】键、【F1】~【F12】键、【Power】键、【Sleep】键和【Wake up】键,如图1-19所示。

3) 主键盘区

主键盘区是使用最频繁的区域,主要由字母键、数字/符号键、控制键、符号键和特殊键构成,如图1-20所示。

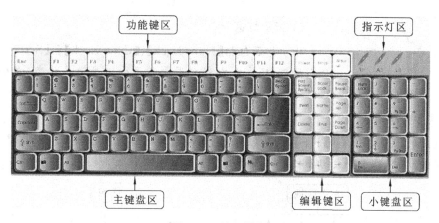

图 1-18 认识键盘

图 1-19 键盘的功能键区

图 1-20 键盘的主键盘区

4) 编辑键区

编辑键区的键位主要用于控制输入字符时的光标插入点位置,如图 1-21 所示。

5) 小键盘区

小键盘区常用于快速输入数字和控制文档编辑软件中的光标插入点,如图 1-22 所示。

图 1-21 键盘的编辑键区　　　　　1-22 键盘的小键盘区

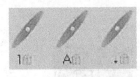

图 1-23　键盘的指示灯区

6）指示灯区

指示灯区包括【Num Lock】、【Caps Lock】和【Scroll Lock】三个指示灯,从左至右分别用于指示小键盘输入状态、大小写锁定状态以及滚屏锁定状态,如图 1-23 所示。

7）键盘操作指法

键盘上的【A】、【S】、【D】、【F】、【J】、【K】、【L】和【;】按键称为基准键位。所谓基准键位,是指使用键盘时,双手除大拇指之外的其余 8 根手指的放置位置,如图 1-24 和图 1-25 所示。

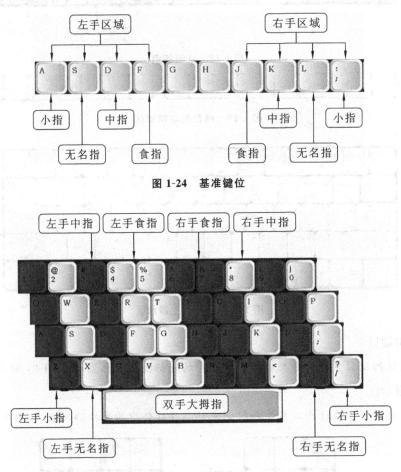

图 1-24　基准键位

图 1-25　手指分工

8）键盘击键的正确方法

击键时,要找准键位所在区域,击键后手指应马上回到相应的基准键位,准备下一次击键操作。

2. 鼠标

在 Windows 环境中,用户的大部分操作都是通过鼠标完成的,它具有体积小、操作方便、控制灵活等优点。常见的鼠标有两键式、三键式及四键式。目前常用的鼠标为三键式，包括左键、右键和滚轮，通过滚轮可以快速上下浏览内容及快速翻页，如图1-26所示。

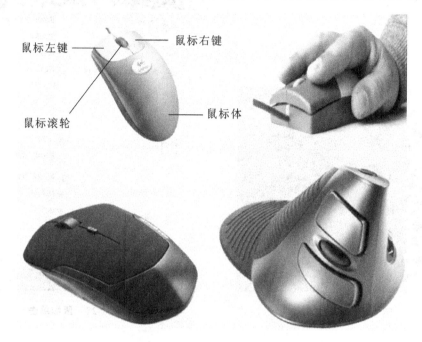

图1-26 鼠标组成及把握方法

1）指向

不按下鼠标任何按键，直接在鼠标垫上移动鼠标，此时屏幕上会有一个光标（被称为鼠标光标或鼠标指针）随之移动。该操作主要用来将鼠标指针移动到要操作的对象上，从而为后续的操作做准备，如图1-27所示。

2）单击

单击操作通常用于选定某个对象、按下某个按钮或打开某个项目。首先移动鼠标，将鼠标指针指向某个对象，然后用食指快速按下鼠标左键后再快速松开，这样就完成了一次鼠标的单击操作。例如，将鼠标指针移动到"开始"按钮上后单击，可打开"开始"菜单，如图1-28所示。

3）双击

双击操作是指用食指快速地连续按两下鼠标左键。它常用于启动某个程序、打开某个窗口或文件。

4）拖放

拖放操作由两个动作组成，即拖动与释放，常用来移动目标对象。将鼠标指针移动到某个对象上，然后按下鼠标左键不放，同时向目标位置移动鼠标，此时被选中的对象将随着光标移动，在到达目标位置后释放鼠标左键即可移动对象，如图1-29所示。

图 1-27 鼠标移动

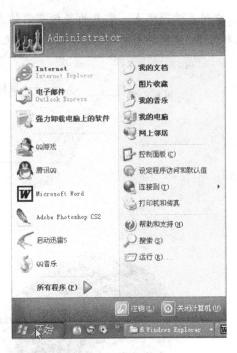
图 1-28 鼠标单击

5）拖动选择

在执行文件操作或进行文档、图像编辑时，常常利用拖动选择操作选择要处理的一组文件或文档中要处理的内容。在要选择的对象左上方按下鼠标左键不放，沿对角线方向向右下方移动，此时鼠标将拖出一个矩形区域，释放鼠标左键，矩形区域中的所有对象都被选中，如图 1-30 所示。

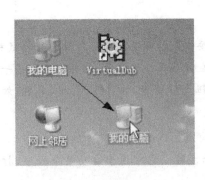
图 1-29 鼠标拖放

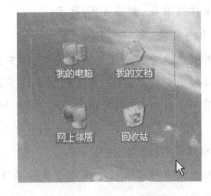
图 1-30 鼠标拖动选择

6）右击

右击操作是指快速按下并释放鼠标右键。右击一般用于打开窗口，启动应用程序。常见的鼠标指针形状及含义如表 1-1 所示。

表 1-1 常见的鼠标指针形状及含义

鼠标指针	表示的状态	鼠标指针	表示的状态	鼠标指针	表示的状态
▷	准备状态	↕	调整对象垂直大小	+	精确调整对象
▷?	帮助选择	↔	调整对象水平大小	I	文本输入状态
▷⧖	后台处理	↘↖	等比例调整对象1	⊘	禁用状态
⧖	忙碌状态	↗↙	等比例调整对象2	✎	手写状态
✥	移动对象	↑	其他选择	☝	链接状态

箭头指针 ▷，是 Windows 的基本指针，用于选择菜单、命令或选项。

双向箭头指针，即水平缩放指针 ↔、垂直缩放指针 ↕，鼠标指针移到窗口的边框线上，会变成双向箭头，此时拖动鼠标，可上下或左右移动边框，改变窗口大小。斜向箭头指针 ↘↖ ↗↙，也称为等比例缩放指针，鼠标指针正好移到窗口的四个角上，会变成斜向双向箭头，此时拖动鼠标，可沿水平和垂直两个方向等比例放大或缩小窗口。

四箭头指针 ✥，也称为搬移指针，用于移动选定的对象。

漏斗指针 ⧖，表示计算机正忙，需要用户等待。

I 形指针，用于在文字编辑区内指示编辑位置。

项目2　Windows 7操作系统的使用

Windows 7是由微软公司（Microsoft）开发的操作系统，内核版本号为Windows NT 6.1。

Windows 7可供家庭及商业工作环境、笔记本电脑、平板电脑、多媒体中心等使用。Windows 7延续了Windows Vista的Aero风格，并且在此基础上增添了些许功能。

任务 1　Windows 7 的基本操作

操作一　启动 Windows 7

【学习目标】

掌握启动 Windows 7 的方法。

【操作概述】

下面将介绍如何启动 Windows 7。

【操作步骤】

Step 01　在计算机（安装的操作系统为 Windows 7）开启后，Windows 7 系统会自动启动。

Step 02　Windows 7 在启动过程中会出现图 2-1 所示的窗口，如果设置了用户密码，在该窗口中单击用户名图标，就会出现一个密码输入框，输入正确的密码后，单击按钮 ，就可以登录 Windows 7 的操作界面了。

操作二　退出 Windows 7

【学习目标】

学习并掌握退出 Windows 7 的方法。

【操作概述】

用户可以通过多种方法退出 Windows 7，下面将简单介绍如何退出 Windows 7。

【操作步骤】

单击桌面上的 按钮，在弹出的菜单中单击 关机 按钮，如图 2-2 所示。

项目 2　Windows 7 操作系统的使用

图 2-1　Windows 7 用户登录界面

除了上述方法外,还可以按 Alt＋F4 组合键关闭程序(见图 2-3),或者单击标题栏右端的【关闭】按钮。

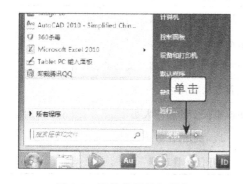

图 2-2　开始菜单关机操作

图 2-3　快捷键关机操作

操作三　Windows 7 快捷键

【学习目标】

学习并掌握常用快捷键。

【操作概述】

在 Windows 7 操作系统中通过不同的按键组合,达到快速执行某个命令或者启动某个软件的方式称为快捷键。

17

【操作步骤】

Step 01　常用操作。常用快捷键如表2-1所示。

表2-1　常用快捷键

快捷键	功能
Ctrl＋C	复制选择的项目
Ctrl＋X	剪切选择的项目
Ctrl＋V	粘贴选择的项目
Ctrl＋Z	撤销操作
Ctrl＋Y	重新执行某项操作
Delete	删除所选项目并将其移动到"回收站"
Shift＋Delete	不先将所选项目移动到"回收站"而直接将其删除
F2	重命名选定项目
Ctrl＋向右键	将光标移动到下一个字词的起始处
Ctrl＋向左键	将光标移动到上一个字词的起始处
Ctrl＋向下键	将光标移动到下一个段落的起始处
Ctrl＋向上键	将光标移动到上一个段落的起始处
Ctrl＋A	选择文档或窗口中的所有项目
Alt＋Enter	显示所选项目的属性
Alt＋F4	关闭活动项目或者退出活动程序
Ctrl＋F4	关闭活动文档（在允许同时打开多个文档的程序中）
Alt＋Tab	在打开的项目之间切换
Ctrl＋鼠标滚轮	更改桌面上的图标大小
Esc	取消当前任务
Ctrl＋Shift＋Esc	打开任务管理器

Step 02　Windows徽标操作。Windows徽标键就是显示为Windows旗帜，或标有文字Win或Windows的按键，以下简称Win键。Windows徽标操作如表2-2所示。

表2-2　Windows徽标操作

快捷键	功能
Win	打开或关闭开始菜单
Win＋D	显示桌面
Win＋M	最小化所有窗口
Win＋Shift＋M	还原最小化窗口到桌面上
Win＋E	打开"我的电脑"

项目2　Windows 7操作系统的使用

续表

Win＋F	搜索文件或文件夹
Win＋L	锁定用户的计算机或切换用户
Win＋R	打开运行对话框
Win＋↑	最大化窗口
Win＋↓	最小化窗口
Win＋←	最大化窗口到左侧的屏幕上
Win＋→	最大化窗口到右侧的屏幕上
Win＋Home	最小化所有窗口,除了当前激活窗口

操作四　鼠标的操作

【学习目标】

学习并掌握鼠标的操作。

【操作概述】

在 Windows 7 操作系统中通过不同的按键组合,达到快速执行某个命令或者启动某个软件的方式称为快捷键。

【操作步骤】

Step 01　鼠标的基本操作。

定位:手握鼠标进行拖动,此时屏幕上的箭头(即鼠标指针)会同时移动,将该箭头移至某一对象上并停留。

单击:将鼠标定位到某一对象后,快速按一下鼠标左键,然后立即释放。

右击:将鼠标定位到某一对象后,快速按一下鼠标右键,然后立即释放。

双击:将鼠标定位到某一对象后,快速按两下鼠标左键。

拖动:按住鼠标左键不放并移动鼠标,到目标位置后释放。

滚动:用手指拨动鼠标滚轮。

Step 02　鼠标和键盘的基本操作。

Ctrl＋单击:选择多个不连续的文件。

Shift＋单击:选择多个连续的文件。

操作五　桌面操作

【学习目标】

学习并掌握桌面图标和任务栏、个性化桌面的操作。

【操作概述】

在 Windows 7 操作系统中桌面是操作计算机的重要场所。桌面图标和任务栏是桌面的主要组成部分。Windows 7 操作系统桌面如图 2-4 所示。

图 2-4　Windows 7 操作系统桌面

【操作步骤】

Step 01　认识桌面图标和任务栏。

桌面图标是系统桌面上的代表程序、文件和文件夹对象的小图像,由图像和名称组成。图 2-5 所示为计算机图标。

图 2-5　计算机图标

桌面最下端的区域是任务栏。任务栏的最左边是带有微软窗口标志的"　"按钮,用于打开开始菜单,运行 Windows 应用程序一般都是从这里进入的。在【开始】按钮的右边是一些快速启动图标,单击其中的某个图标,可以立即启动相应的程序。而任务栏的最右边则是系统状态区,表示系统的当前状态,有音量调节标志"　"、系统时间显示标志"　16:42　"等。【开始】按钮和任务栏如图 2-6 所示。在用户启动一个应用程序或者打开一个窗口后,任务栏上就会产生一个按钮,单击某个按钮可使相应程序变为活动程序,或者使相应窗口变为当前窗口。

图 2-6　【开始】按钮和任务栏

项目2　Windows 7操作系统的使用

Step 02　管理桌面图标。

在桌面背景上单击鼠标右键,在弹出的快捷菜单中选择【排序方式】选项(见图2-7),在展开的子菜单中选择相应的命令可使桌面图标分别按名称、大小、项目类型和修改日期从上到下、从左到右进行排列。

Step 03　个性化桌面设置。

Windows 7操作系统自带了多种主题,用户可以根据需求选择喜欢的主题。在桌面空白处单击鼠标右键,在弹出的快捷菜单中选择【个性化】命令。打开个性化窗口,在其中的【Aero主题】栏中选择需要的主题,如图2-8所示。

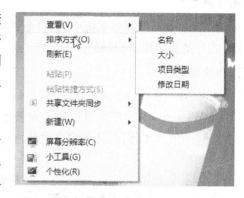

图 2-7　桌面背景上的右键快捷菜单

如果需要自行设定背景图片和相关颜色,可在个性化窗口中选择一个主题后,在窗口下方单击【桌面背景】超链接,打开桌面背景设置窗口,如图2-9所示。单击【窗口颜色】超链接,打开窗口颜色和外观窗口,在其中选择喜欢的颜色选项。

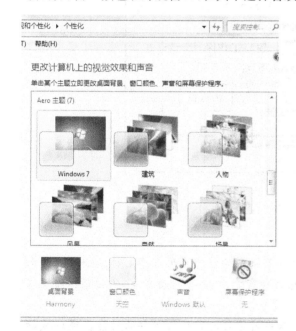

图 2-8　个性化窗口

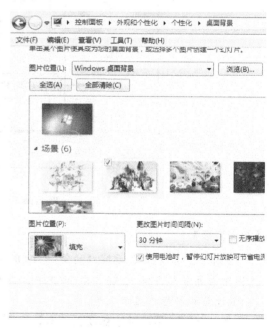

图 2-9　桌面背景设置窗口

操作六　Windows 7 窗口操作

【学习目标】

学习并掌握窗口的设置、打开、切换和关闭。

【操作概述】

在 Windows 7 操作系统中,窗口是重要的操作对象之一,各种窗口显示的内容不同,但其组成与基本操作是相同的。

【操作步骤】

Step 01　认识 Windows 7 窗口。

在 Windows 7 中所有窗口的外观及组成部分都大致相同,一般包括窗口标题栏、菜单栏、工具栏、窗口工作区、任务窗格和状态栏等部分,如图 2-10 所示。

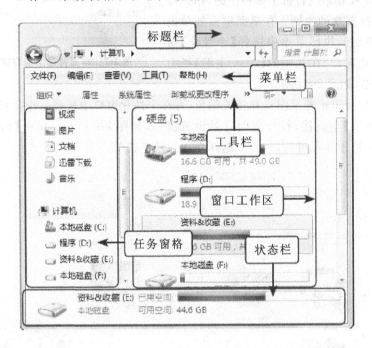

图 2-10　Windows 7 窗口

【知识链接】

标题栏　标题栏位于窗口的第一行,用于显示正在运行的应用程序名称。如果在桌面上同时打开多个窗口,当前窗口(即用户正在操作的窗口,也称为活动窗口)的标题栏显示深色,其他窗口标题栏显示浅色。

菜单栏　菜单栏位于标题栏下面,用于显示当前运行的程序所提供的功能。通过鼠标单击菜单项或按住 Alt 键加对应菜单项后面的字母键,可以选择菜单项中的功能。

工具栏　工具栏在菜单栏下面。在工具栏中列出了一系列工具按钮,单击这些按钮,就能执行相应的操作。

窗口工作区　窗口的内部区域称为工作区或工作空间。工作区中的内容可以是对象图标,还可以是文档内容,随窗口类型的不同而不同。当窗口无法显示所有内容时,工作区中将出现水平滚动条和垂直滚动条。

状态栏　状态栏位于窗口底部，用于显示窗口的状态（如对象个数和可用空间等信息）。

最大化、最小化、关闭和恢复窗口按钮　标题栏最右边有三个按钮，其中 ▢ 为最小化按钮，▢ 为最大化按钮，✕ 为关闭按钮，当窗口处于最大化状态时，▢ 按钮将变为恢复窗口按钮，形状为 ▢ 。

Step 02　操作 Windows 7 窗口。

1）打开窗口

在 Windows 7 中，启动一个程序或打开一个对象（文件、文件夹等）都会打开一个窗口。打开一个对象通常有以下三种方法。

- 双击对象图标。
- 单击对象后，按回车键。
- 右击对象，弹出快捷菜单，选中【打开】选项，即可打开指定对象。

2）关闭窗口

关闭一个窗口也有多种方法。

- 单击窗口右上角的关闭按钮 ✕ 。
- 单击菜单栏中的【文件】菜单项，在下拉菜单中选择【退出】命令。
- 按 Alt＋F4 键。
- 双击窗口左上角的控制菜单图标。
- 右击任务栏上程序对应的按钮，在快捷菜单中选择【关闭】命令。

3）改变窗口的大小

如果窗口处在非最大化状态，就可以改变该窗口的大小。改变窗口大小有以下几种方法。

- 将鼠标移动到窗口的两侧或上下边框，当鼠标指针变成 ↕ 或 ↔ 时，按住鼠标左键并移动，即可改变窗口的高度或宽度。
- 将鼠标移动到窗口的四个边角上，当鼠标指针变成 ↖ 或 ↗ 时，按住鼠标左键并移动，即可改变窗口的大小。
- 单击窗口控制按钮，或者右击窗口标题栏，或者按 Alt＋空格键，或者右击任务栏上窗口对应的按钮，都会弹出窗口控制菜单。选择"大小"选择项，按 ↑、↓、←、→ 键，窗口大小将随着按键改变，当窗口大小到用户满意的大小后按回车键确定即可。

4）移动窗口

如果窗口处在非最大化状态，就可以移动该窗口。将鼠标移到窗口的标题栏，按下左键不放移动鼠标，这时有一虚线方框随鼠标移动，方框的位置就是被移动的窗口的新位置，确定好位置后松开鼠标，窗口就移到了新的位置上。

5）滚动窗口内容

当窗口容纳不下所要显示的内容时,窗口的右边和下边会各自出现一个滚动条。对窗口的滚动可进行以下操作。

- 拖动滚动条中间的滚动块,窗口中的内容将会水平或垂直滚动。
- 单击滚动条两端的按钮,窗口中的内容将会水平或垂直滚动一字或一行。
- 单击滚动块两边的空白处,窗口中的内容将会水平或垂直滚动一页。

6）切换窗口

当用户打开多个窗口时,某时刻只有一个窗口为当前窗口,即处于激活状态,又称为前台窗口。其他窗口则处于非激活状态,在后台运行。要将其他窗口切换成当前窗口,方法有如下几种。

- 可以对任务栏上的按钮单击进行切换。
- 使用 Alt＋Tab 组合键进行切换。
- 使用 Alt＋Esc 组合键进行切换。

操作七　Windows 7 菜单操作

【学习目标】

学习并掌握菜单的设置、打开和关闭。

【操作概述】

在应用程序窗口的标题栏下面有一个菜单栏,在菜单栏上对应若干个菜单,不同的菜单项完成不同的功能。每一个窗口的菜单是不完全相同的。

【操作步骤】

1. 菜单的属性

① 正常菜单选项和变灰菜单选项　正常菜单选项是用黑色字符显示的,用户可以随时选用。变灰菜单选项表示该命令在当前状态无效,不能选用。例如,在窗口中没有选取对象时,"编辑"菜单中的"剪切""复制"命令是灰色的。

② 命令名字后面跟有"…"的菜单选项　选择这种菜单选项时,将弹出一个对话框询问执行此命令还需要的信息。

③ 命令前面有符号"√"的菜单选项　表明当前正选择该选项,或者该命令处于有效状态。这种命令可以让用户在两个状态之间进行切换。

④ 命令名后有组合键的菜单选项　有些命令后面带有组合键命令,表示可以直接按下该组合键执行该命令。

⑤ 命令后面有三角符号(▶)的菜单选项　表示该命令还有下一级菜单(级联菜单),当光标指向该选项时,就会在该菜单旁边自动弹出级联菜单。

⑥ 菜单的分组　在菜单中经常会看到菜单被一些水平线分成了若干块,这称为菜单分组,这些水平线称为菜单分组线,同一组中的命令一般都是功能相似的一类。

⑦ 名字前面带有"●"记号的菜单项 这种菜单表示它是可选的菜单项。在它所在的分组菜单中，如果有多项可选的项，则同时只能有一个被选中，选中后该菜单就带上了"●"标记。如果再选同组中的另一项，则新选择的选项起作用，原先的选项被撤销。

⑧ 变化的菜单项 通常一个菜单栏的菜单项是固定的，但有的菜单中的菜单项根据不同的情况会有一些变化。例如【文件】菜单，在选择对象后，菜单中会增加【打开方式】和【发送】两个选项。

⑨ 带有历史信息的菜单 有的菜单，例如【文件】菜单，就保存有最近几次打开过的文件名，这样做主要是方便用户使用，提高操作速度。

2．菜单的操作

① 打开菜单 用鼠标单击菜单栏上的菜单名，就会打开该菜单。使用键盘也可以打开和执行菜单命令。如菜单【编辑】，按下 Alt＋E 组合键，即可打开【编辑】菜单。

② 关闭菜单 对于已打开的菜单可以在菜单框外单击鼠标或使用 Esc 键关闭。如果打开了一个菜单之后，想打开另一个菜单，只需在菜单栏上移动光标指向另一菜单项，即可打开新的菜单，同时关闭原菜单。使用键盘上的方向键也能完成这一操作。

任务 2 Windows 7 的文件管理

操作一 文件管理基础知识 ▼

【学习目标】

认识文件和文件夹，了解文件和文件夹的区别。

【操作概述】

在管理文件时，经常会遇到文件、文件夹、磁盘、文件路径和文件属性等名词，下面对这些基础知识的含义进行介绍。

【操作步骤】

1．文件与文件夹

计算机中各种数据的表现方式就是文件。文件的种类很多，但其都由文件图标和文件名称组成，其中文件名称由文件名和扩展名（包括小黑点）两部分组成。扩展名含义如表 2-3 所示。

表 2-3 扩展名含义

扩 展 名	类 型	扩 展 名	类 型	扩 展 名	类 型
txt	文本文件	pcx	一种图像文件	com	DOS 命令文件
docx	Word 文档文件	wav	声音波形文件	exe	应用程序文件
xlsx	Excel 文档文件	mid	乐器数字化接口文件	bat	DOS 批处理程序文件
htm	网页文档文件	avi	声音影像文件	sys	DOS 系统配置文件
bmp	位图图像文件	ttf	TrueType 字体文件	ini	系统配置文件
jpg	一种图像文件	fon	字体文件	drv	驱动程序文件
gif	一种图像文件	hlp	帮助文件	dll	动态链接库文件

文件夹的作用是存放文件或其他文件夹，如图 2-11 所示。

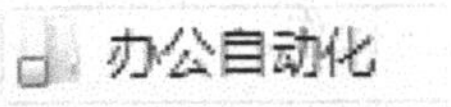

2. 磁盘

计算机中的所有文件和文件夹都保存在磁盘中，磁盘的多少取决于安装操作系统之前对硬盘分区的多少。图 2-12 所示为 5 个分区。

图 2-11 文件夹示意图

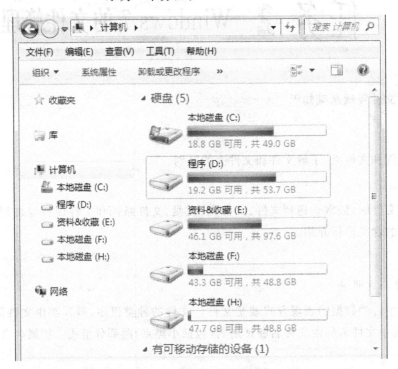

图 2-12 Windows 7 分区显示

3. 文件路径

文件路径显示了文件或文件夹的具体位置,图 2-13 表示当前文件在 H 盘下名为【会计】的文件夹中。

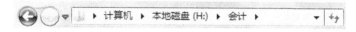

图 2-13 地址栏

4. 文件属性

文件属性包括只读、隐藏和存档 3 种,各属性的含义如下。

只读:表示此文件不能被更改。

隐藏:表示将该文件的图标和文件名隐藏在窗口中,呈不可见形式,若需对隐藏文件进行操作,则需通过对文件夹选项进行设置后才能使其以半透明状态重新显示出来。

存档:指定是否应该存档该文件或文件夹,以便相应程序对此文件进行备份。

操作二　设置文件和文件夹视图模式

【学习目标】

学习并掌握设置文件和文件夹视图模式。

【操作概述】

通过科学设置文件和文件夹的视图模式,可以清楚地预览文件内容、文件属性、文件时间、文件大小等信息。

【操作步骤】

Step 01　单击窗口中工具栏上的按钮,在弹出的菜单中选择需要的命令即可改变当前窗口中文件的显示模式。显示模式一般包括【超大图标】、【大图标】、【中等图标】、【小图标】、【列表】、【详细信息】、【平铺】和【内容】8 种,分别如图 2-14 至图 2-21 所示。

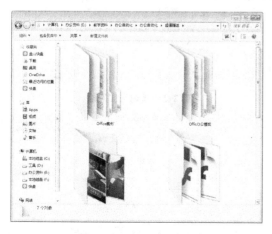

图 2-14　【超大图标】视图

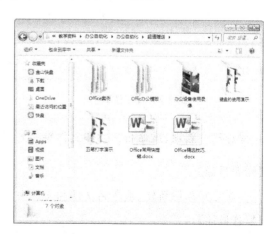

图 2-15　【大图标】视图

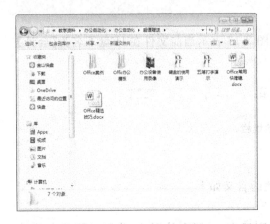

图 2-16 【中等图标】视图　　　　　图 2-17 【小图标】视图

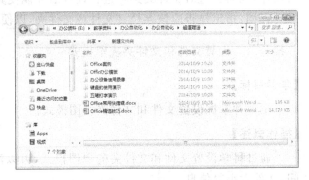

图 2-18 【列表】视图　　　　　图 2-19 【详细信息】视图

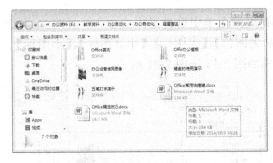

图 2-20 【平铺】视图　　　　　图 2-21 【内容】视图

操作三　新建、重命名文件和文件夹

【学习目标】

学习并掌握新建、重命名文件和文件夹。

【操作概述】

为了便于文件的管理，用户经常要建立新的文件夹，以分门别类地存放文件。

项目 2　Windows 7操作系统的使用

【操作步骤】

　　Step 01　新建文件和文件夹。

　　打开需要创建文件夹的磁盘驱动器或文件夹窗口，单击菜单栏中的【文件】菜单，在【新建】子菜单中选择【文件夹】命令，新建的文件夹出现在当前的窗口中，反白显示。

　　打开需要创建文件夹的磁盘驱动器或文件夹窗口，在打开窗口的空白区域右击，在弹出的快捷菜单中指向【新建】，在出现的级联菜单中选定【文件夹】，如图 2-22 所示。

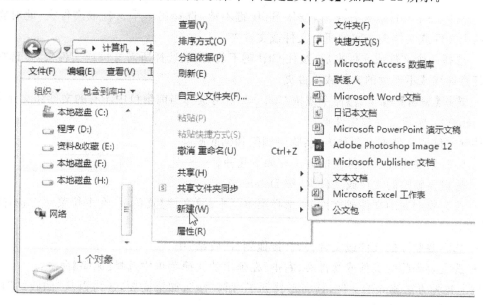

图 2-22　Windows 7 新建菜单

　　Step 02　重命名文件和文件夹。

　　单击已被选中的文件或文件夹名称，文件或文件夹名称将变为蓝底白字方框显示，接着单击文件或文件夹的名称框，则名称框成为可以改名的实框，输入新名，然后按回车键即可。

　　在菜单栏中单击【文件】，然后在弹出的菜单中选择【重命名】命令，输入新名，然后按回车键即可。

　　文件或文件夹的新名不能与同一文件夹中的文件或文件夹同名，否则资源管理器将不接受改名。如果更改文件的扩展名，系统会给出提示：可能会导致文件不可用。除非真的需要，否则一般不要轻易改变文件的扩展名。

操作四　选择、删除文件和文件夹 ▼

【学习目标】

　　学习并掌握选择、删除文件和文件夹。

【操作概述】

　　选择、删除文件和文件夹是文件管理的常用操作，熟练掌握快捷键的使用能提高工作效率。

【操作步骤】

　　Step 01　选择文件和文件夹。
　　对文件进行操作前,都需先选择文件或文件夹。选择文件和文件夹的方法有以下几种。
　　• 直接单击需选择的文件或文件夹。
　　• 在窗口空白区域按住鼠标左键不放并进行拖动,将出现一个半透明的蓝色矩形框,处于该框范围内的文件和文件夹都将被选择。
　　• 选择一个文件或文件夹后,按住 Shift 键不放,选择另一个文件或文件夹,此时将选择这两个文件或文件夹之间的所有文件或文件夹。
　　• 选择一个文件或文件夹后,按住 Ctrl 键不放,依次选择所需文件或文件夹,可选择窗口中任意连续或不连续的文件或文件夹。
　　• 选择【编辑】→【全选】命令或按 Ctrl＋A 键可选择当前窗口中所有的文件和文件夹。
　　Step 02　删除文件和文件夹。
　　删除文件或文件夹有两种方式:临时删除和彻底删除。
　　① 临时删除文件或文件夹的方法有如下几种。
　　• 选定要删除的文件或文件夹,按 Delete 键。
　　• 选定要删除的文件或文件夹,选择菜单栏中的【文件】菜单项,在下拉菜单中选择【删除】命令。
　　• 选定要删除的文件或文件夹,直接拖到"回收站"中。
　　• 选定要删除的文件或文件夹,右击,在弹出的快捷菜单中选择【删除】命令。
　　以上几种方法删除的文件,其实是移到了"回收站",如果需要,还可以从"回收站"恢复过来,所以称为临时删除。
　　② 彻底删除文件主要有以下两种办法。
　　• 先临时删除,再打开"回收站"删除。
　　• 选定要删除的文件或文件夹,按 Shift＋Delete 组合键。
　　彻底删除不能再恢复,因此要特别小心。

操作五　移动、复制文件和文件夹 ▼

【学习目标】

　　学习并掌握移动、复制文件和文件夹。

【操作概述】

　　移动、复制文件和文件夹是文件管理的常用操作,熟练掌握快捷键的使用能提高工作效率。

【操作步骤】

　　Step 01　移动文件和文件夹。
　　选择需移动的文件或文件夹,选择【编辑】→【剪切】命令,切换到目标窗口,选择【编辑】→【粘贴】命令。
　　选择需移动的文件或文件夹,按 Ctrl＋X 键,切换到目标窗口,按 Ctrl＋V 键。

项目2　Windows 7操作系统的使用

在需移动的文件或文件夹上单击鼠标右键,在弹出的快捷菜单中选择【剪切】命令,切换到目标窗口,在窗口空白区域单击鼠标右键,在弹出的快捷菜单中选择【粘贴】命令。

Step 02　复制文件和文件夹。

选择需复制的文件或文件夹,选择【编辑】→【复制】命令,切换到目标窗口,选择【编辑】→【粘贴】命令。

选择需复制的文件或文件夹,按 Ctrl+C 键,切换到目标窗口,按 Ctrl+V 键。

在需复制的文件或文件夹上单击鼠标右键,在弹出的快捷菜单中选择【复制】命令,切换到目标窗口,在窗口空白区域单击鼠标右键,在弹出的快捷菜单中选择【粘贴】命令。

操作六　搜索、设置文件和文件夹

【学习目标】

学习并掌握搜索、设置文件和文件夹。

【操作概述】

在 Windows 7 中还可以对文件进行搜索和设置,通过这些功能,可以更好地查找、使用和管理文件。

【操作步骤】

Step 01　搜索文件和文件夹。

在文件夹窗口右上角的【搜索】文本框中输入需要查找的文件或文件夹名称、时间等关键字。

单击【修改日期】按钮,在打开的面板中选择日期或日期范围,如图 2-23 所示。

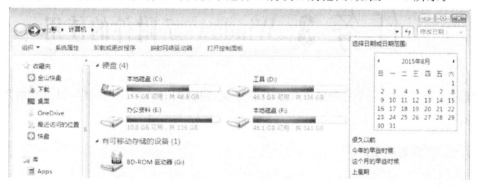

图 2-23　搜索操作

Windows 7 将根据设置的条件进行搜索,若找到符合条件的文件或文件夹,将显示在窗口右侧。

Step 02　设置文件属性。

选择需更改属性的文件或文件夹,然后选择【文件】→【属性】命令,或在需更改属性的文件或文件夹上单击鼠标右键,在弹出的快捷菜单中选择【属性】命令。

打开属性对话框(见图 2-24),在下方的【属性】栏中选中相应的选项,完成后单击【确定】按钮。

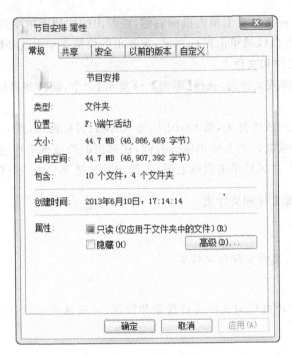

图 2-24 文件夹属性

任务 3 Windows 7 附件的使用

"附件"是 Windows 7 自带的一个工具程序集,附件中有许多应用程序,以下介绍几种最常用的。

操作一 计算器的使用

【学习目标】

学习并掌握计算器的使用。

【操作概述】

计算器可以用来完成日常工作所需要的简单计算功能,它也是 Windows 中的常用附件,尤其对于需进行科学运算的人或财务人员而言更是如此。

【操作步骤】

Step 01 在【开始】菜单中搜索"计算器",或者在【所有程序】→【附件】中找到"计算器",如图 2-25 所示。

Step 02 在主界面使用标准型计算器,如图 2-26 所示。

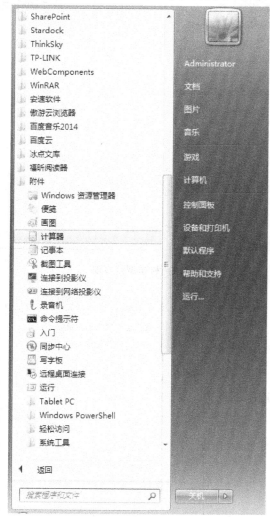

图 2-25 在【开始】菜单中打开计算器

图 2-26 标准型计算器

Step 03 单击【查看】选项卡,里面提供了标准型、科学型、程序员、统计信息四种模式,还有基本、单位转换、日期计算、工作表四种功能,如图 2-27 所示。

Step 04 选择科学型模式,各种数学计算符号一应俱全,如图 2-28 所示。

Step 05 选择程序员模式,可以用来做进制换算,如图 2-29 所示。

Step 06 选择统计信息模式,可以进行计数、平均数、求和、方差、平方和等一些基本的统计学计算,如图 2-30 所示。

Step 07 选择标准型模式,在功能中选择【单位转换】,有功率、角度、面积、能量、时间、速率、体积、温度、压力、长度、重量/质量等换算功能,如图 2-31 所示。

Step 08 选择标准型模式,在功能中选择【工作表】,有抵押、汽车租赁、油耗等计算功能,如图 2-32 所示。

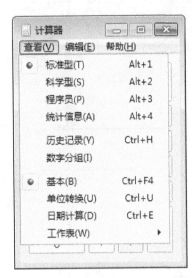
图 2-27 计算器模式选择

图 2-28 科学型计算器

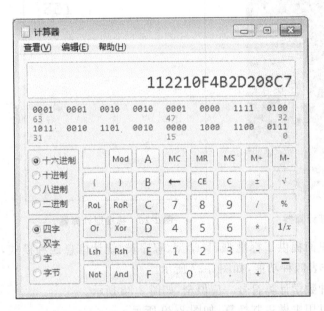
图 2-29 程序员模式

图 2-30 统计信息计算器

项目2　Windows 7操作系统的使用

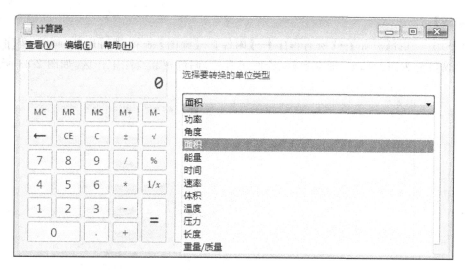

图 2-31　单位转换

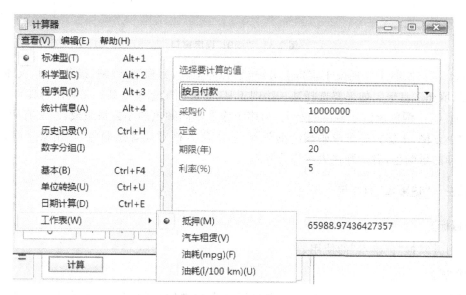

图 2-32　工作表

操作二　"画图"的使用

【学习目标】

学习并掌握"画图"的使用。

【操作概述】

"画图"软件是一个位图编辑程序,可以用来编辑和绘制各种位图文件,即后缀为.bmp的文件。

【操作步骤】

Step 01　选择【开始】→【所有程序】→【附件】→【画图】命令,即可启动"画图"程序。"画图"程序窗口分为四大部分,即菜单栏、绘图工具栏、调色板和绘图工作区,如图 2-33 所示。

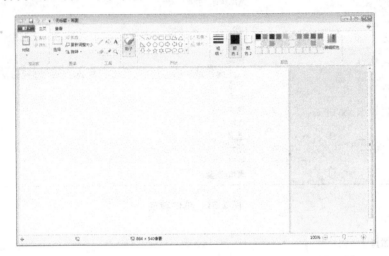

图 2-33　"画图"程序窗口

Step 02　绘图工具栏位于窗口上方,包括各种工具,如画笔、画刷、线条工具、文本工具、擦除器、填充工具等。如果要选择某一绘图工具,只需用鼠标单击某一工具图标即可。

Step 03　调色板位于窗口的右上,由多个涂有不同颜色的小方格组成,左端有两个部分重叠的小方格,上层方格对应画图的前景颜色,下层方格对应背景颜色,左击某个颜色方框代表选择前景颜色,右击则代表选择背景颜色。

操作三　"记事本"的使用

【学习目标】

学习并掌握"记事本"的使用。

【操作概述】

附件中的"记事本"是一个纯粹用来进行文本文件编辑的程序。文本文件只能显示字符,没有文书文件的格式信息。所以,如果将其他有格式信息的文档内容复制到"记事本"中,就会将看不见的格式信息全部过滤掉。"记事本"的这一功能是十分有用的。

【操作步骤】

选择【开始】→【所有程序】→【附件】→【记事本】命令,即可启动"记事本"程序。

项目3 Word 2013的应用

Word 2013 是 Office 2013 软件中的文字处理组件,也是计算机办公应用使用最普及的软件之一。利用 Word 2013 可以创建纯文本、图表文本、表格文本等各种类型的文档,还可以使用字体、段落、版式等格式功能进行高级排版。

任务 1 Word 2013 的基本操作

操作一 启动 Word 2013

【学习目标】

掌握启动 Word 2013 的方法。

【操作概述】

在 Office 2013 中启动、关闭程序的方法是一样的。下面将介绍如何启动 Word 2013。

【操作步骤】

Step 01 选择【开始】→【所有程序】中的【Microsoft Office 2013】命令,在弹出的下拉列表中选择【Word 2013】选项,如图 3-1 所示。

【知识链接】

除此之外,用户还可以双击桌面上的应用程序图标,或者在 Windows 资源管理器窗口中双击程序文档,可以打开相应的应用程序,并将该文件也同时打开。

Step 02 执行该操作后,即可启动 Word 2013,如图 3-2 所示。

图 3-1 选择【Word 2013】选项

Word 2013、Excel 2013 和 PowerPoint 2013 中文档的扩展名在原来版本(1997 至 2003 版本)的基础上增加了一个字母 x,如原来为".doc",现在为".docx",Access 2013 文件扩展名由原来的".m曲"变成".accdb"。

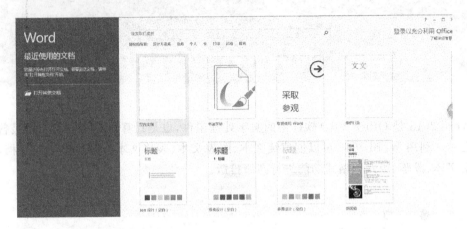

图 3-2　启动 Word 2013

操作二　退出 Word 2013

【学习目标】

学习并掌握退出 Word 2013 的方法。

【操作概述】

用户可以通过多种方法退出 Word 2013。下面将简单介绍如何退出 Word 2013。

【操作步骤】

Step 01　在 Word 2013 的标题栏上右击,在弹出的快捷菜单中选择【关闭】命令,如图 3-3 所示。

Step 02　如果有未保存的文档,程序会提示用户保存文档,如图 3-4 所示,单击【保存】按钮将会弹出【另存为】对话框,用户可以在该对话框中指定路径、名称以及类型等;如果单击【不保存】按钮,将不会对当前文档保存,程序将直接关闭;如果单击【取消】按钮,将不执行关闭操作。

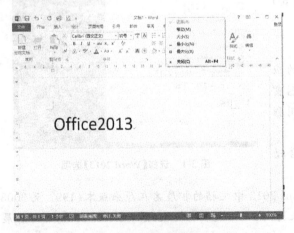

图 3-3　选择【关闭】命令

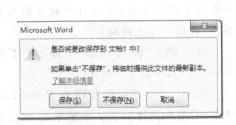

图 3-4　提示对话框

项目 3 Word 2013的应用

除了上述方法外,还可以按 Alt+F4 组合键关闭程序;或单击标题栏右端的【关闭】按钮;或单击 Office 按钮,在弹出的下拉菜单中选择【关闭】命令。

操作三 自定义快捷键

【学习目标】

学习并掌握自定义快捷键的方法。

【操作概述】

Word 中的快捷键不仅可以代表一个命令和宏指令,还可以代表格式、自动文本、自动文集、字体和符号等。如果进行合理定义,可以大大提高工作效率。下面将介绍如何自定义快捷键。

【操作步骤】

Step 01 在功能区中【开始】选项卡的左侧单击【文件】按钮,在打开的界面中选择【选项】命令,如图 3-5 所示。

Step 02 打开【Word 选项】对话框,在该对话框中切换到【自定义功能区】选项卡,然后单击【自定义】按钮,如图 3-6 所示。

如果用户经常使用某个命令,就可以为其定义快捷键。熟练使用快捷键是提高操作速度的捷径。Word 中的快捷键是可以自定义的,例如为没有快捷键的命令指定快捷键,或删除不需要的快捷键。如果不喜欢所做的更改,还可以随时返回默认的快捷键设置。

Step 03 弹出【自定义键盘】对话框,在【类别】列表框中选择【"插入"选项卡】,在【命令】列表框中选择【InsertPicture】,然后在【请按新快捷键】文本框中指定快捷键,在这里将快捷键设为 Ctrl+Q,最后单击【指定】按钮,如图 3-7 所示。

Step 04 单击【关闭】按钮,返回到【Word 选项】对话框,单击【确定】按钮,这样新的快捷键就指定完成了。此时,在文档窗口中按快捷键 Ctrl+Q,即可弹出【插入图片】对话框,如图 3-8 所示。

图 3-5 选择【选项】命令

图 3-6 【Word 选项】对话框

 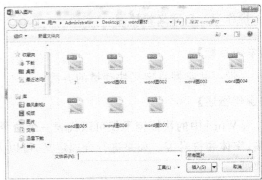

图 3-7　指定快捷键　　　　　图 3-8　【插入图片】对话框

如果用户想将自定义的快捷键删除,可在【自定义键盘】对话框中选择需要删除快捷键的命令,在【当前快捷键】文本框中选择所设置的快捷键,然后单击【删除】按钮,即可将设置的快捷键删除。

操作四　自定义功能区

【学习目标】

学习并掌握如何自定义功能区。

【操作概述】

Word 中为用户提供了自定义功能区的功能,当用户想要使用自己所需的功能组时,就可以使用此功能。但是,用户无法更改 Word 中内置的默认选项卡和组,只能通过新建组来添加所需的功能。下面将介绍如何自定义功能区。

【操作步骤】

Step 01　单击【文件】按钮,在打开的界面中单击【选项】,弹出【Word 选项】对话框,在该对话框中切换到【自定义功能区】选项卡,然后单击【新建选项卡(自定义)】按钮,如图 3-9 所示。

Step 02　在【从下列位置选择命令】下拉列表框中选择【不在功能区中的命令】选项,如图 3-10 所示。

Step 03　单击【添加】按钮,将 Microsoft Access、Microsoft Excel 和 Microsoft Outlook 添加到【新建组】中,然后单击【确定】按钮,如图 3-11 所示。

Step 04　在 Word 界面中,切换到【新建】选项卡。用户可以在此选项卡中使用所添加的功能,如图 3-12 所示。

项目 3　Word 2013的应用

图 3-9　单击【新建选项卡(自定义)】按钮

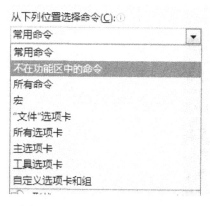

图 3-10　选择【不在功能区中的命令】选项

图 3-11　添加功能组

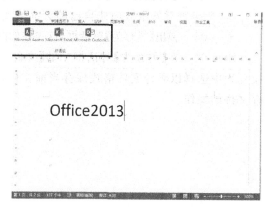

图 3-12　查看添加的自定义功能

操作五　手动保存文件

【学习目标】

学习并掌握手动保存文件的方法。

【操作概述】

手动保存文件可以很方便地将文件保存在任何位置，以及设置文件的保存类型等。下面将介绍如何手动保存文件。

【操作步骤】

Step 01　如果是第一次保存正在编辑的文件，可以单击【文件】按钮，在打开的界面中选择【保存】选项；如果正在编辑的文件之前保存过一次，在选择【保存】选项后，会直接用新文件覆盖掉上次保存的文件；如果想保存修改后的文件，又不想覆盖修改前的内容，可以选择

【另存为】选项,如图 3-13 所示。

Step 02　选择【计算机】选项,并单击【浏览】按钮,如图 3-14 所示。

图 3-13　选择【保存】或【另存为】选项

图 3-14　单击【浏览】按钮

在文件中进行操作时,应该注意每隔一段时间就对文件保存一次,这样可以有效地避免因停电、死机等意外事故而使自己的劳动果实不翼而飞。

Step 03　弹出【另存为】对话框,首先在如图 3-15 所示的列表框中选择一个保存文件的位置。

Step 04　在【另存为】对话框中的【文件名】文本框中输入文档的名称,在【保存类型】下拉列表中选择以哪种文件格式保存当前文件,如图 3-16 所示,单击【保存】按钮,即可完成保存文件的操作。

图 3-15　设置文档保存位置

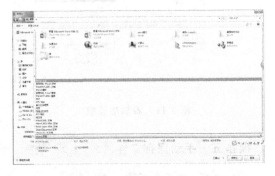

图 3-16　选择文档保存类型

如果不在【文件名】文本框中输入文件名称,则 Word 会以文件开头的第 1 句话作为文件名进行保存。

操作六　自动保存文件

【学习目标】

学习并掌握设置自动保存文件的方法。

【操作概述】

除了使用手动保存文件外,Word 还提供了很重要的自动保存功能,即每隔一段时间

Word 2013 会自动保存文件一次。自动保存功能的保存时间间隔是可以根据自己的需要以分钟为单位随意设定的,其操作步骤如下。

【操作步骤】

　　Step 01　单击【文件】按钮,在打开的界面中单击【选项】,如图 3-17 所示。

　　除了上述方法之外,用户还可以在【另存为】对话框中,单击【工具】按钮,在弹出的下拉列表中选择【保存】选项,也可以打开【Word 选项】对话框。

　　Step 02　弹出【Word 选项】对话框,在该对话框中切换到【保存】选项卡,确定【保存自动恢复信息时间间隔】复选框处于选中状态,并在其后面的微调框中输入一个以分钟为单位的时间间隔。例如在该微调框中输入"5",即表示设定系统每隔 5 分钟就自动地保存一次文件,如图 3-18 所示。设置完成后,单击【确定】按钮即可。

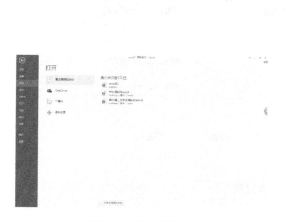
图 3-17　单击【选项】

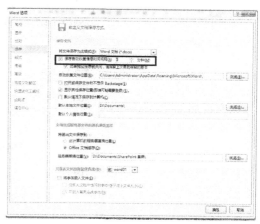
图 3-18　设置自动保存选项

　　虽然设置了自动保存,可以免去许多由于忘记保存文件而带来的失误,但是还是建议应该养成使用快捷键 Ctrl+S 进行手动保存文件的习惯。因为如果在新的一台没有设置自动保存功能的计算机上进行文档的操作,就有可能因忘记存盘而带来遗憾。保存文件永远是文件操作中的头等大事,每个人都应该使用各种方法最大限度地降低丢失数据的可能性。

任务 2　Word 2013 办公技法与应用

操作一　传真封面 ▼

【学习目标】

　　(1) 学习插入符号的方法。

(2)掌握设置段落缩进的方法。

【操作概述】

  本操作将介绍传真封面的制作。该操作的制作比较简单,首选设置段落缩进,其次输入文字,并依次对输入的文字进行设置,然后绘制形状、插入符号。完成后的效果如图 3-19 所示。

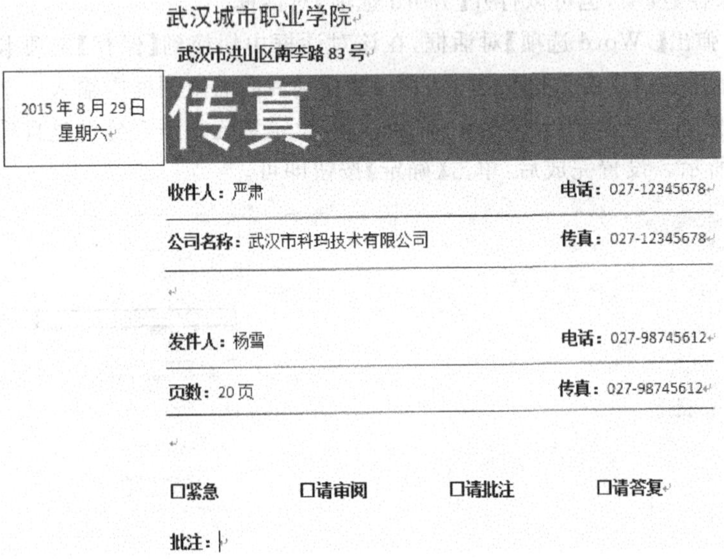

图 3-19　传真封面

【操作步骤】

  Step 01　按 Ctrl+N 组合键新建一个空白文档,在功能区的【开始】选项卡的【段落】组中单击 按钮,弹出【段落】对话框,在【缩进】选项组中将【左侧】设置为"10 字符",单击【确定】按钮,如图 3-20 所示。

  Step 02　在文档中输入文字,效果如图 3-21 所示。

【知识链接】

  传真是近二十多年发展较快的非话电信业务。将文字、图表、相片等记录在纸面上的静止图像,通过扫描和光电变换,变成电信号,经各类信道传送到目的地,在接收端通过一系列逆变换过程,获得与发送原稿相似记录副本的通信方式,称为传真。

  Step 03　选择第一行中的文字,在【开始】选项卡的【字体】组中,将【字体】设置为"黑体",将【字号】设置为"小三",如图 3-22 所示。

  Step 04　在文档中选择如图 3-23 所示的文字。

  Step 05　在【字体】组中将【字号】设置为"五号",效果如图 3-24 所示。

  Step 06　在文档中选择如图 3-25 所示的文字,在【字体】组中单击【加粗】按钮。

在选择文字时按住 Ctrl 键,可以选择多个非连续的文字。

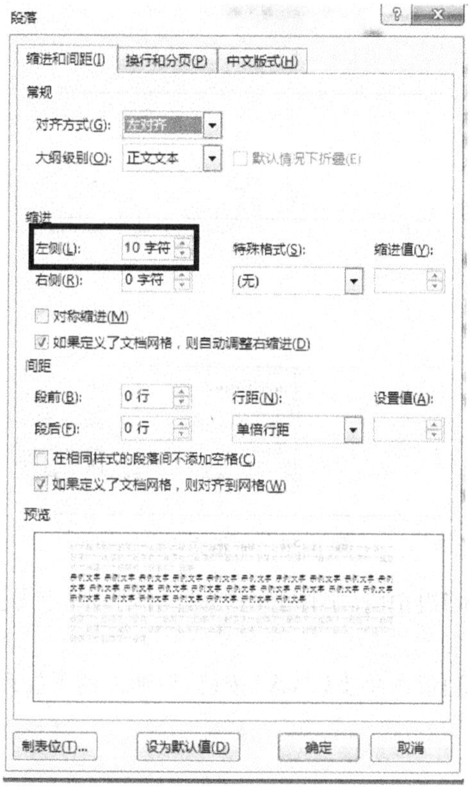

图 3-20 设置缩进

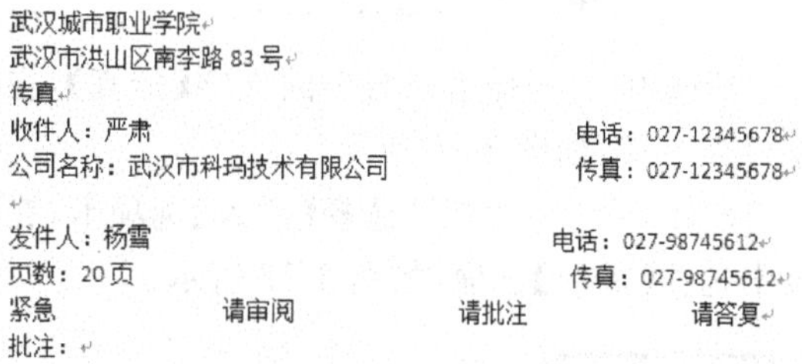

图 3-21 输入文字

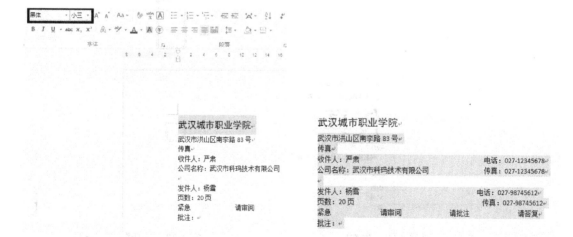

图 3-22 设置第一行文字

图 3-23 选择文字

图 3-24　设置文字大小

图 3-25　加粗文字

Step 07　选择第三行中的文字【传真】,在【字体】组中将【字体】设置为"黑体",将【字号】设置为"48",如图 3-26 所示。

Step 08　在功能区选择【插入】选项卡,在【插图】组中单击【形状】按钮,在弹出的下拉列表中选择【矩形】选项,如图 3-27 所示。

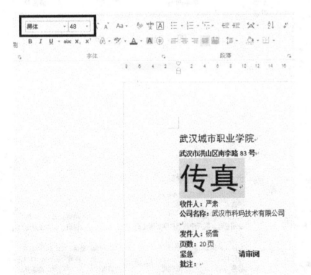

图 3-26　设置文字("传真")

图 3-27　选择【矩形】选项

Step 09　在文档中绘制矩形,如图 3-28 所示。

Step 10　在功能区选择【绘图工具】下的【格式】选项卡,在【形状样式】组中单击【形状填充】按钮,在弹出的下拉列表中选择【黑色,文字 1】选项,如图 3-29 所示。

图 3-28　绘制矩形　　　　　　　　　图 3-29　设置填充颜色

Step 11　在【形状样式】组中单击【形状轮廓】按钮,在弹出的下拉列表中选择【无轮廓】选项,如图 3-30 所示。

Step 12　在【排列】组中单击【自动换行】按钮,在弹出的下拉列表中选择【衬于文字下方】选项,如图 3-31 所示。

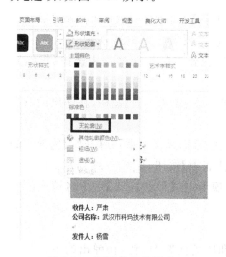

图 3-30　取消轮廓线填充　　　　　　　图 3-31　选择【衬于文字下方】选项

Step 13　再次选择文字"传真",在【开始】选项卡的【字体】组中,将【字体颜色】设置为"白色",效果如图 3-32 所示。

Step 14　在【字体】组中单击 （启动对话框）按钮,弹出【字体】对话框,切换到【高级】选项卡,在【字符间距】选项组中,将【间距】设置为"加宽",将【磅值】设置为"6 磅",单击【确定】按钮,如图 3-33 所示。

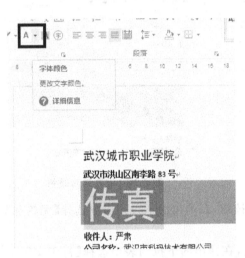

图 3-32　更改文字颜色

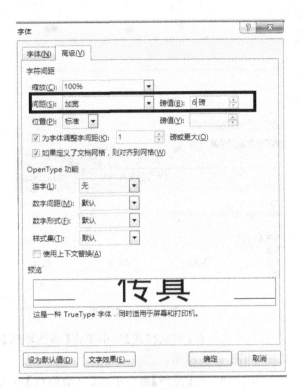

图 3-33　设置字符间距

Step 15　在文档中绘制矩形,在功能区选择【绘图工具】下的【格式】选项卡,在【形状样式】组中将填充颜色设置为"无",将轮廓颜色设置为"黑色",效果如图 3-34 所示。

Step 16　在【形状样式】组中单击【形状轮廓】按钮,在弹出的下拉列表中选择【粗细】|【1.5 磅】选项,如图 3-35 所示。

Step 17　在功能区选择【插入】选项卡,在【文本】组中单击【文本框】按钮,在弹出的下拉列表中选择【绘制文本框】选项,如图 3-36 所示。

Step 18　在文档中绘制文本框并输入文字,输入完成后选择文本框,在【开始】选项卡的【字体】组中将【字号】设置为"小五",在【段落】组中单击【居中】按钮,如图 3-37 所示。

Step 19　在功能区选择【绘图工具】下的【格式】选项卡,在【形状样式】组中将填充颜色和轮廓颜色都设置为"无",效果如图 3-38 所示。

Step 20　在文档中选择图 3-39 所示的文字。

Step 21　在【开始】选项卡的【段落】组中单击【行和段落间距】按钮,在弹出的下拉列表中选择【2.0】选项,效果如图 3-40 所示。

Step 22　在功能区选择【插入】选项卡,在【插图】组中单击【形状】按钮,在弹出的下拉列表中选择【直线】选项,如图 3-41 所示。

Step 23　在文档中绘制直线,在功能区选择【绘图工具】下的【格式】选项卡,在【形状样式】组中选择【细线-深色 1】选项,如图 3-42 所示。

Step 24　使用同样的方法,继续在文档中绘制直线,并设置直线样式,效果如图 3-43 所示。

图 3-34 绘制矩形并设置颜色

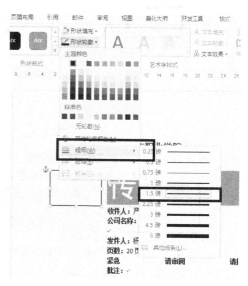

图 3-35 设置轮廓粗细

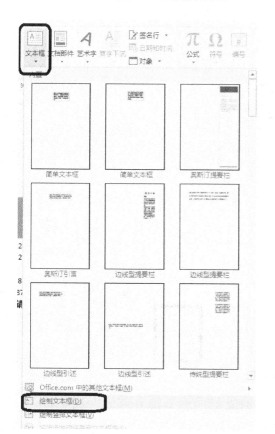

图 3-36 选择【绘制文本框】选项

图 3-37 输入并设置文字

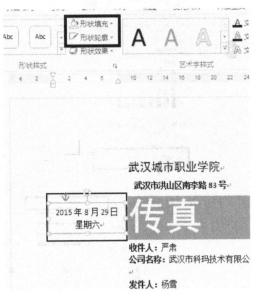

图 3-38 取消填充颜色

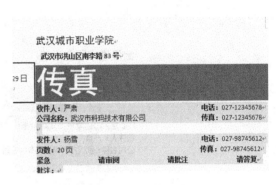

图 3-39 选择文字

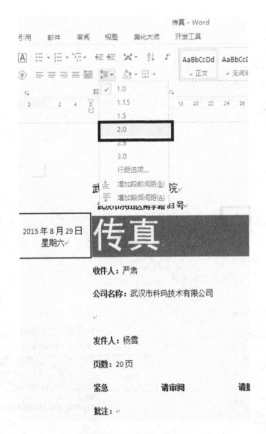

图 3-40 设置行间距

图 3-41 选择【直线】选项

项目3　Word 2013的应用

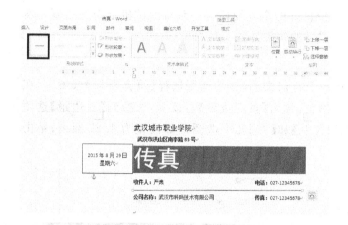

图 3-42　设置直线样式

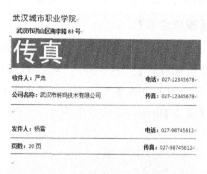

图 3-43　绘制并设置直线

Step 25　将光标置入文字"紧急"的左侧,在功能区选择【插入】选项卡,在【符号】组中单击【符号】按钮,在弹出的下拉列表中选择【空心方形】选项,即可插入选择的符号,如图 3-44 所示。

Step 26　使用同样的方法,在其他文字左侧插入符号,效果如图 3-45 所示。

符号和文字之间有一个空格。

图 3-44　插入符号

图 3-45　给其他文字插入符号

操作二　个人简历

【学习目标】

（1）学习设置页边距的方法。

（2）掌握设置段落间距的方法。

【操作概述】

个人简历是求职者给招聘单位发的一份简要介绍,包含自己的基本信息、自我评价、工

51

作经历、学习经历以及求职愿望等。一份良好的个人简历对于获得面试机会至关重要。本操作就来介绍一下个人简历的制作,完成后的效果如图3-46所示。

【操作步骤】

Step 01 按Ctrl+N组合键新建一个空白文档,在功能区选择【页面布局】选项卡,在【页面设置】组中单击（启动对话框）按钮,弹出【页面设置】对话框,切换到【页边距】选项卡,在【页边距】选项组中,将【上】、【下】、【左】和【右】几个微调框都设置为1.27厘米,单击【确定】按钮,如图3-47所示。

 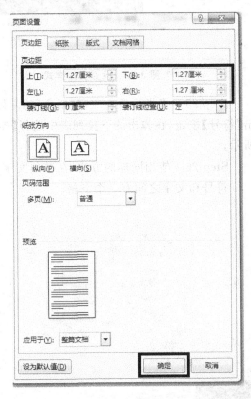

图 3-46 个人简历　　　　　　　　　图 3-47 设置页边距

【知识链接】

页边距是页面四周的空白区域,也就是正文与页边界的距离,一般可在页边距内部的可打印区域中插入文字和图形,或页眉、页脚和页码等。整个页面的大小在选择纸张后已经固定了,然后确定正文所占区域的大小。要确定正文区域的大小,可以设置正文到四边页面边界的区域大小。

Step 02 在【页面设置】组中单击【分栏】按钮,在弹出的下拉列表中选择【偏左】选项,如图3-48所示。

Step 03 在功能区选择【插入】选项卡,在【插图】组中单击【形状】按钮,在弹出的下拉列表中选择【矩形】选项,然后在文档中绘制矩形,如图3-49所示。

项目 3 Word 2013 的应用

图 3-48 设置分栏

图 3-49 绘制矩形

Step 04　在功能区选择【绘图工具】下的【格式】选项卡,在【形状样式】组中单击【形状填充】按钮,在弹出的下拉列表中选择【其他填充颜色】选项,如图 3-50 所示。

Step 05　弹出【颜色】对话框,在【标准】选项卡中单击,选择图 3-51 所示的颜色,并单击【确定】按钮,即可为绘制的矩形填充该颜色。

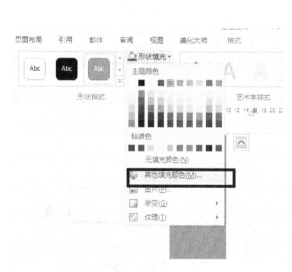

图 3-50 选择【其他填充颜色】选项

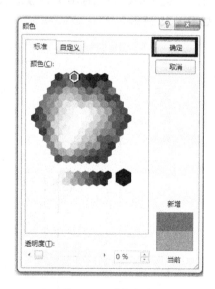

图 3-51 选择颜色

Step 06　在功能区的【格式】选项卡的【形状样式】组中单击 （启动对话框）按钮,弹出【设置形状格式】任务窗格,在【填充】选项组中将【透明度】设置为"12%",在【线条】选项组中选择【无线条】单选按钮,如图 3-52 所示。

Step 07　在功能区的【格式】选项卡的【排列】组中单击【自动换行】按钮,在弹出的下拉列表中选择【衬于文字下方】选项,如图 3-53 所示。

53

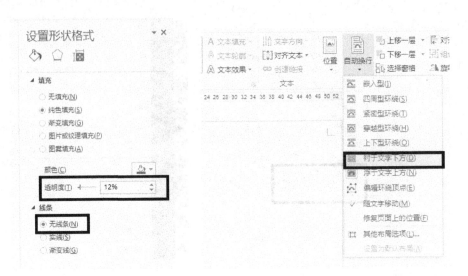

图 3-52　设置形状格式　　　　　图 3-53　选择【衬于文字下方】选项

Step 08　选择【插入】选项卡，在【文本】组中单击【文本框】按钮，在弹出的下拉列表中选择【绘制文本框】选项，如图 3-54 所示。

Step 09　在文档中绘制文本框并输入文字，输入完成后选择文本框，然后在功能区选择【绘图工具】下的【格式】选项卡，在【形状样式】组中将填充颜色和轮廓颜色都设置为"无"，效果如图 3-55 所示。

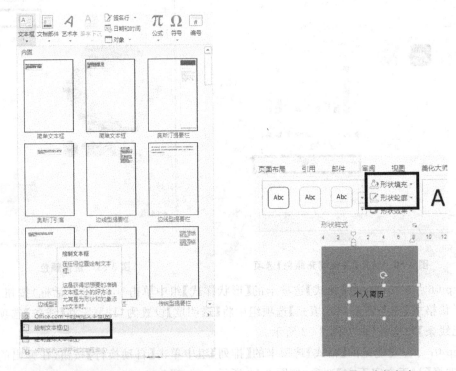

图 3-54　选择【绘制文本框】选项　　　　　图 3-55　设置文本框颜色

Step 10 选择【开始】选项卡,在【字体】组中将【字体】设置为"黑体",【字号】设置为"小初",将【字体颜色】设置为"白色",如图 3-56 所示。

图 3-56 设置文字

Step 11 使用同样的方法,继续绘制文本框并输入文字,然后对文本框和文字进行设置,效果如图 3-57 所示。

Step 12 选择【插入】选项卡,在【插图】组中单击【形状】按钮,在弹出的下拉列表框中选择【矩形】选项,在文档中绘制矩形,如图 3-58 所示。

图 3-57 绘制文本框并输入文字

图 3-58 绘制矩形

Step 13 在功能区选择【绘图工具】下的【格式】选项卡,在【形状样式】组中将【形状填充】设置为白色,将轮廓颜色设置为"无",效果如图 3-59 所示。

Step 14 选择【插入】选项卡,在【插图】组中单击【图片】按钮,弹出【插入图片】对话框,在该对话框中选择素材图片"个人信息.jpg",单击【插入】按钮,即可将选择的图片插入至文档中,如图 3-60 所示。

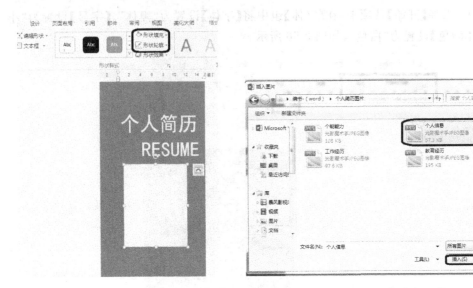

图 3-59　设置矩形颜色　　　　　　　　图 3-60　选择素材图片

Step 15　在功能区选择【图片工具】下的【格式】选项卡,在【排列】组中单击【自动换行】按钮,在弹出的下拉列表中选择【浮于文字上方】选项,如图 3-61 所示。

Step 16　在【大小】组中将形状【高度】和形状【宽度】设置为 0.8 厘米,然后在文档中调整其位置,效果如图 3-62 所示。

图 3-61　选择【浮于文字上方】选项　　　　图 3-62　调整图片大小和位置

Step 17　绘制文本框并输入文字,将文本框的填充颜色和轮廓颜色都设置为"无",在【开始】选项卡的【字体】组中,将【字体】设置为"黑体",将【字号】设置为"四号",将【字体颜色】设置为"白色",效果如图 3-63 所示。

Step 18　结合前面介绍的方法,继续绘制文本框并输入文字,然后对文本框、字体、字号、字体颜色和段落间距进行设置,并插入素材图片,效果如图 3-64 所示。

Step 19　在文档中将光标置于图 3-65 所示的位置。

Step 20　在【开始】选项卡的【段落】组中单击 （启动对话框）按钮,弹出【段落】对话框,切换到【缩进和间距】选项卡,在【间距】选项组中将【段后】设置为"50 行",单击【确定】按钮,如图 3-66 所示。

项目 3　Word 2013的应用

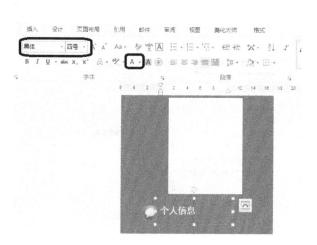

图 3-63　输入并设置文字

图 3-64　制作其他内容

图 3-65　指定光标位置

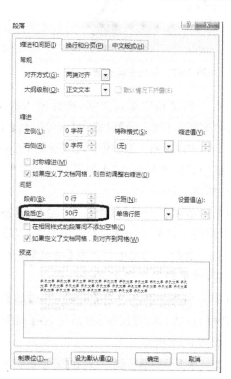

图 3-66　设置段后间距

Step 21　按一下空格键,再按 Enter 键,此时光标会移至图 3-67 所示的位置。

Step 22　在【开始】选项卡的【段落】组中单击 （启动对话框）按钮,弹出【段落】对话框,在【缩进】选项组中将【左侧】设置为"6 字符",单击【确定】按钮,如图 3-68 所示。

图 3-67　移动光标位置

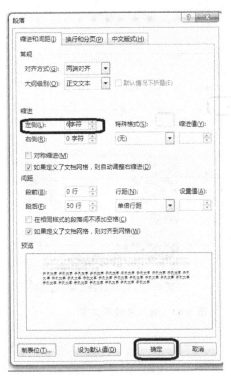

图 3-68　调整缩进

Step 23　在文档中输入文字,选择输入的文字,在【开始】选项卡的【字体】组中,将【字体】设置为"黑体",将【字号】设置为"四号",将【字体颜色】设置为图 3-69 所示的颜色。

Step 24　选择【插入】选项卡,在【插图】组中单击【图片】按钮,弹出【插入图片】对话框,在该对话框中选择素材图片"求职意向.jpg",单击【插入】按钮,即可将选择的素材图片插入至文档中,如图 3-70 所示。

Step 25　在功能区选择【图片工具】下的【格式】选项卡,在【排列】组中,单击【自动换行】按钮,在弹出的下拉列表中选择【浮于文字上方】选项,如图 3-71 所示。

Step 26　在【大小】组中将形状【高度】和形状【宽度】都设置为"0.9 厘米",并在文档中调整其位置,效果如图 3-72 所示。

Step 27　将光标置于文字【求职意向】的右侧,在【开始】选项卡的【段落】组中单击 （启动对话框）按钮,弹出【段落】对话框,在【间距】选项组中将【段后】设置为"0 行",单击【确定】按钮,如图 3-73 所示。

Step 28　按 Enter 键另起一行,在【开始】选项卡的【段落】组中单击 （启动对话框）按钮,弹出【段落】对话框,在【缩进】选项组中将【左侧】设置为"4 字符",单击【确定】按钮,如图 3-74 所示。

项目3 Word 2013的应用

图 3-69 输入并设置文字

图 3-70 选择素材图片

图 3-71 选择【浮于文字上方】选项

图 3-72 调整素材图片

图 3-73 设置段落间距

图 3-74 设置缩进

Step 29　在功能区选择【插入】选项卡,在【表格】组中单击【表格】按钮,在弹出的下拉列表中选择【1×3表格】,即可在文档中插入一个3行1列的表格,如图3-75所示。

Step 30　在功能区选择【表格工具】下的【布局】选项卡,在【单元格大小】组中将表格【宽度】设置为"10厘米",如图3-76所示。

图3-75　选择网格　　　　　　　　　　图3-76　设置表格列宽

除了上述方法外,用户还可以选择【插入表格】或【绘制表格】命令,这样也可以创建表格。

Step 31　在文档中选择插入的表格,在功能区选择【表格工具】下的【设计】选项卡,在【边框】组中单击 ▼(边框)按钮,在弹出的下拉列表中取消选中【上框线】选项,如图3-77所示。

Step 32　单击【边框】按钮,在弹出的下拉列表中取消选中【左框线】和【右框线】选项,如图3-78所示。

图3-77　取消选中【上框线】选项　　　　图3-78　取消左、右框线显示

Step 33　将光标置于第一个单元格中,在【边框】组中单击【笔颜色】按钮,在弹出的下拉列表中选择颜色"白色,背景1,深色35%",如图3-79所示。

Step 34　在【边框】组中单击【边框】按钮,在弹出的下拉列表中取消选中【下框线】选项,即可为单元格的下框线填充该颜色,如图3-80所示。

项目3 Word 2013的应用

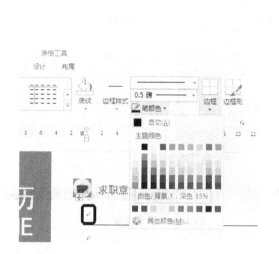

图 3-79　选择颜色

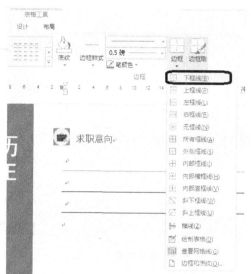

图 3-80　更改下框线颜色

Step 35　使用同样的方法,更改其他单元格的下框线颜色,效果如图 3-81 所示。

Step 36　结合前面介绍的方法,制作其他内容,效果如图 3-82 所示。

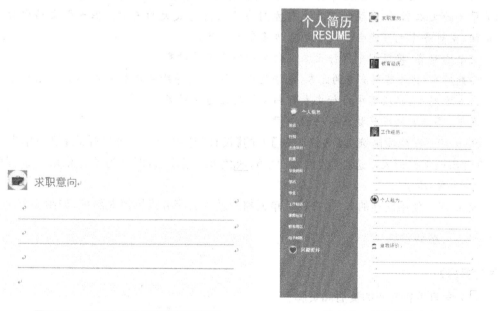

图 3-81　更改其他单元格下框线颜色　　　　图 3-82　制作其他内容

Step 37　在图 3-83 所示的单元格中输入内容。

Step 38　选择文字所在的单元格,然后选择【开始】选项卡,在【字体】组中将【字体】设置为"微软雅黑",将【字号】设置为"10",将【字体颜色】设置为"灰色 25%,背景 2,深色 75%",在【段落】组中单击【居中】按钮,如图 3-84 所示。

| 图3-83 输入内容 | 图3-84 设置文字 |

【知识链接】

段落的水平对齐方式是指定段落中的文字在水平方向排列对齐的基准,包括文本左对齐、居中、文本右对齐、两端对齐和分散对齐五种。

两端对齐:段落中除最后一行文本外,其他行文本的左右两端分别向左右边界靠齐。对于纯中文的文本来说,两端对齐方式与左对齐方式没有太大的差别。但如果文档中含有英文单词,左对齐方式可能会使文本的右边缘参差不齐。

文本右对齐:将段落中每行文本都向文档的右边界对齐。

分散对齐:将段落所有行的文本(包括最后一行)字符等距离分布在左、右文本边界之间。

文本左对齐:将段落中每行文本都向文档的左边界对齐。

居中:将选定的段落放在页面的中间。

Step 39 在功能区选择【表格工具】下的【设计】选项卡,在【表格样式】组中单击 按钮,在弹出的下拉列表中选择【蓝色,着色5,淡色80%】选项,即可为单元格填充选择的颜色,如图3-85所示。

Step 40 使用同样的方法,在其他单元格中输入文字并设置填充颜色,如图3-86所示。

操作三 公司信纸

【学习目标】

(1)学习设置文档的页眉和页脚。

(2)掌握绘制矩形形状的方法。

【操作概述】

本操作将介绍公司信纸的制作。首先设置文档的页眉,输入文字并设置文字样式,然后插入素材图片,绘制矩形形状并设置矩形的填充颜色,最后使用相同的方法设置页脚。完成后的效果如图3-87所示。

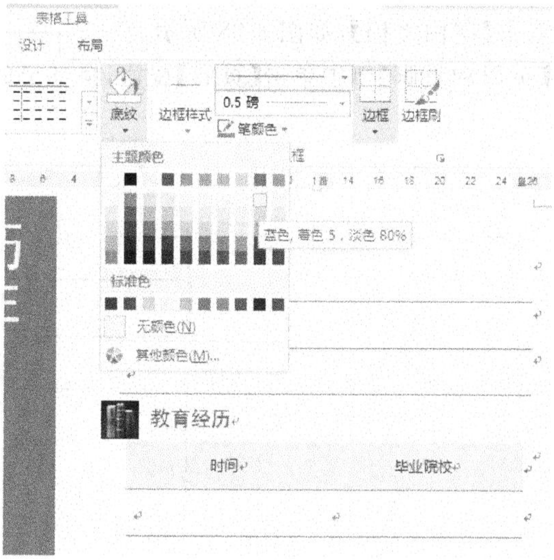

项目3 Word 2013的应用

图 3-85 为单元格填充颜色

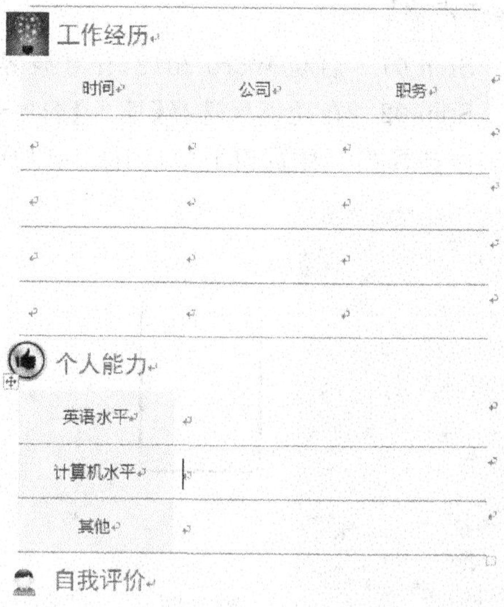

图 3-86 制作其他内容

图 3-87 公司信纸

【操作步骤】

Step 01　启动 Word 2013，在登录界面中双击【空白文档】，如图 3-88 所示。

Step 02　在功能区选择【插入】选项卡，在【页眉和页脚】组中单击【页眉】按钮，在弹出的列表中选择第一种页眉类型，如图 3-89 所示。

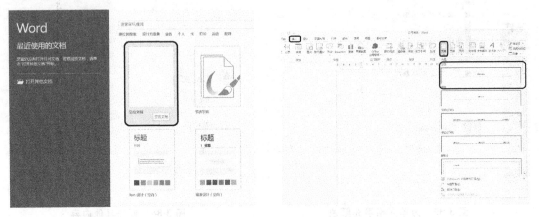

图 3-88　双击【空白文档】　　　　图 3-89　选择页眉类型

Step 03　在页眉位置处输入文字，如图 3-90 所示。

Step 04　将光标插入到文字的左侧，在功能区选择【插入】选项卡，单击【插图】组中的【图片】按钮，如图 3-91 所示。

图 3-90　输入页眉文字　　　　图 3-91　单击【图片】按钮

Step 05　在弹出的【插入图片】对话框中，选择"公司图标.jpg"素材文档，然后单击【插入】按钮，如图 3-92 所示。

Step 06　选中插入的图片，在【图片工具】下的【格式】选项卡中，将【大小】组中的形状【高度】设置为"0.59 厘米"，形状【宽度】设置为"0.86 厘米"，如图 3-93 所示。

Step 07　选择输入的文字，将【字体】设置为"汉仪综艺体简"，【字号】设置为"小三"，然后设置字体颜色，如图 3-94 所示。

Step 08　在功能区选择【插入】选项卡，在【插图】组中单击【形状】按钮，在弹出的列表中选择【矩形】，如图 3-95 所示。

用户在绘制形状时，可以按住 Shift 键进行绘制，这样可以绘制等比例形状，如绘制矩形时，按住 Shift 键可以绘制成正方形。对于一些线类，用户在绘制过程中按住 Shift 键，可以绘制垂直或水平的线。

图 3-92 【插入图片】对话框

图 3-93 设置图片大小

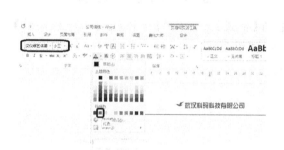

图 3-94 设置文字

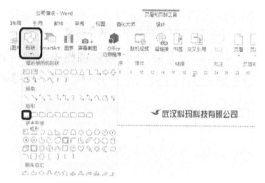

图 3-95 选择【矩形】

Step 09 在适当位置绘制一个矩形，在【格式】选项卡中，将【大小】组中的形状【高度】设置为"0.13 厘米"，形状【宽度】设置为"4.15 厘米"，如图 3-96 所示。

Step 10 在矩形上右击，在弹出的快捷菜单中选择【设置形状格式】命令，如图 3-97 所示。

图 3-96 绘制矩形

图 3-97 选择【设置形状格式】命令

Step 11 在【设置形状格式】任务窗格的【填充】中选择【渐变填充】,然后设置渐变填充颜色,如图 3-98 所示。

Step 12 将【线条】选择为【无线条】选项,如图 3-99 所示。

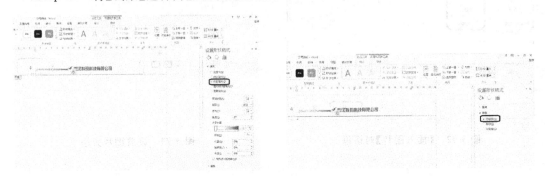

图 3-98 设置渐变填充颜色　　　　　　　　图 3-99 选择【无线条】选项

Step 13 复制矩形,然后调整矩形的位置,在【格式】选项卡的【排列】组中,单击【旋转】按钮,在弹出的下拉菜单中选择【水平翻转】命令,如图 3-100 所示。

图 3-100 选择【水平翻转】命令

Step 14 将光标插入到页脚中,然后在【开始】选项卡中单击【段落】组中的【居中】按钮,如图 3-101 所示。

Step 15 将页眉中的素材图片和矩形形状复制到页脚处,并调整其位置,如图 3-102 所示。

Step 16 在功能区的【格式】选项卡中,将【大小】组中的形状【宽度】设置为"6.85 厘米"。在【设置形状格式】任务窗格中,选择【渐变光圈】的第 2 个颜色色块,将其【位置】设置为"22%",如图 3-103 所示。

Step 17 复制矩形,然后调整矩形的位置,对矩形执行【水平翻转】命令,如图 3-104 所示。

Step 18 按 Enter 键进行换行,在下一行中输入文字,如图 3-105 所示。

Step 19 选择输入的文字,在【开始】选项卡的【字体】组中将【字体】设置为"微软雅黑",【字号】设置为"小五",然后设置字体颜色,如图 3-106 所示。

Step 20 在功能区的【设计】选项卡中,单击【关闭】组中的【关闭页眉和页脚】按钮,退出页眉、页脚的编辑模式,如图 3-107 所示。

图 3-101 设置居中对齐

图 3-102 复制图片和形状

图 3-103 设置矩形

图 3-104 复制矩形并进行水平翻转

图 3-105 输入文字

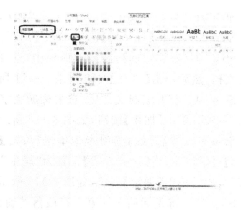

图 3-106 设置文字

图 3-107　单击【关闭页眉和页脚】按钮

操作四　项目合作建设协议书

【学习目标】

(1) 学习设置段落格式的方法。

(2) 掌握设置段落编号的方法。

【操作概述】

本操作将介绍项目合作建设协议书的制作，首先设置标题的文字格式，然后设置正文的段落格式和编号。完成后的效果如图 3-108 所示。

图 3-108　项目合作建设协议书

【操作步骤】

Step 01　启动 Word 2013，在登录界面单击【打开其他文档】，如图 3-109 所示。

Step 02　选择【计算机】选项，单击【浏览】按钮，如图 3-110 所示。

Step 03　在弹出的【打开】对话框中，选择"项目合作开发建设协议书（未编辑）.docx"素材文档，然后单击【打开】按钮，如图 3-111 所示。

Step 04　打开素材文件后，选中标题文字，在【开始】选项卡的【字体】组中，将【字号】设置为"一号"，单击【加粗】按钮，如图 3-112 所示。

Step 05　在【开始】选项卡中单击【段落】组右下角的 （启动对话框）按钮，在弹出的【段落】对话框中，将【对齐方式】设置为"居中"，【行距】设置为"多倍行距"，【设置值】设置为"4.75"，然后单击【确定】按钮，如图 3-113 所示。

Step 06　将光标插入到第 2 行段落的前面，然后按住 Shift 键，单击倒数第 4 段的结尾处，选中文本段落，如图 3-114 所示。

项目3 Word 2013的应用

图 3-109　单击【打开其他文档】

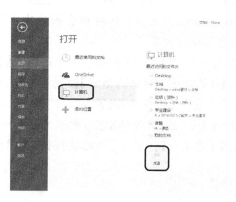

图 3-110　单击【浏览】按钮

图 3-111　选择素材文件

图 3-112　设置标题文字

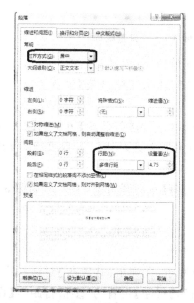

图 3-113　【段落】对话框

图 3-114　选择段落

用户在选择时,按着 Shift 键在文档的某一位置单击,在不松开 Shift 键时单击文档的另一位置,两个位置之间的区域将会被选中。如果选择全部内容,则可以按住 Ctrl+A 组合键,将选择全部内容。

Step 07　在【开始】选项卡中单击【段落】组右下角的 （启动对话框）按钮,在弹出的【段落】对话框中,将【特殊格式】设置为"首行缩进",【缩进值】设置为"2 字符",【行距】设置为"多倍行距",【设置值】设置为"1.7",然后单击【确定】按钮,如图 3-115 所示。

Step 08　选择"坐落地点:北碚区蔡……平方米(16 亩)合作建设。"3 段文字,单击【段落】组中的【编号】右侧的下拉箭头按钮,在弹出的列表中选择图 3-116 所示的编号样式。

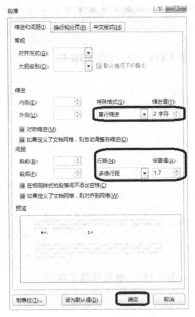

图 3-115　【段落】对话框　　　　　　图 3-116　设置编号

Step 09　在【开始】选项卡中单击【段落】组右下角的 （启动对话框）按钮,在弹出的【段落】对话框中,将【缩进】组中的【左侧】设置为"1.38"厘米,【缩进值】设置为"0.63 厘米",然后单击【确定】按钮,如图 3-117 所示。

Step 10　在选中编号段落的情况下,在【开始】选项卡中单击【剪贴板】组中的【格式刷】按钮,然后选择"项目报批现状……(相关权属证明或相关批文见附件)。"5 段文字,为其设置编号格式,如图 3-118 所示。

Step 11　在编号段落上右击,在弹出的快捷菜单中选择【重新开始于 1】命令,如图 3-119 所示。

Step 12　使用相同的方法设置编号段落的缩进,如图 3-120 所示。

Step 13　选择协议书最后的几行文字,如图 3-121 所示。

Step 14　单击【段落】组右下角的 （启动对话框）按钮,在弹出的【段落】对话框中,将【特殊格式】设置为"首行缩进",【缩进值】设置为"2 字符",【行距】设置为"多倍行距",【设置值】设置为"3",然后单击【确定】按钮,如图 3-122 所示。

图 3-117 【段落】对话框

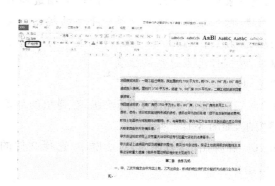

图 3-118 设置编号格式

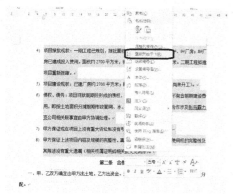

图 3-119

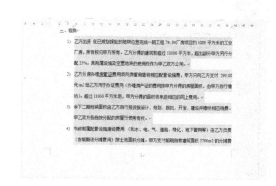

图 3-120

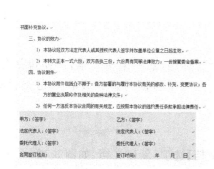

图 3-121 选择文字

图 3-122 【段落】对话框

【知识链接】

段落缩进是指改变文本和页边距之间的距离,使文档段落更加清晰、易读。在 Word 中,段落缩进一般包括首行缩进、悬挂缩进、左缩进和右缩进。

首行缩进:控制段落的第一行第一个字的起始位置。

悬挂缩进:控制段落中第一行以外的其他行的起始位置。

左缩进:控制段落左边界的位置。

右缩进:控制段落右边界的位置。

Step 15　在功能区单击【文件】按钮,在弹出的界面中选择【另存为】|【计算机】,然后单击【浏览】按钮,如图 3-123 所示。

Step 16　在弹出的【另存为】对话框中,选择文件的保存位置,然后单击【保存】按钮,如图 3-124 所示。

图 3-123　单击【浏览】按钮

图 3-124　保存文件

操作五　研究报告

【学习目标】

(1) 学习设置文字的方法。

(2) 掌握插入尾注的方法。

【操作概述】

本操作将介绍研究报告的制作。首先设置标题,然后编辑文本,主要包括分栏、设置文字样式和插入尾注等,最后插入素材图片,并对素材图片进行设置。完成后的效果如图 3-125 所示。

【操作步骤】

Step 01　启动 Word 2013,单击【空白文档】选项,新建文档,如图 3-126 所示。

首次启动 Word 时,会自动出现模板列表。可以在【搜索联机模板】搜索框中输入内容,搜索出更多模板。要快速访问常用模板,请单击搜索框下方的关键字。

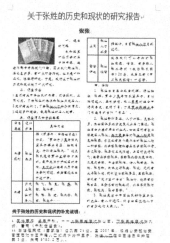

图 3-125 研究报告

图 3-126 新建文档

单击选择一个模板后,在弹出的预览窗口中,双击缩略图或单击【创建】按钮以基于该模板启动新文档。

Step 02 在空白文档中输入内容,如图 3-127 所示。

Step 03 选择图 3-128 所示的文本,在功能区选择【开始】选项卡,在【字体】组中将【字体】设为"宋体",【字号】设为"二号",字体颜色设为深蓝色,单击【加粗】按钮,在【段落】组中设置【居中】,如图 3-129 所示。

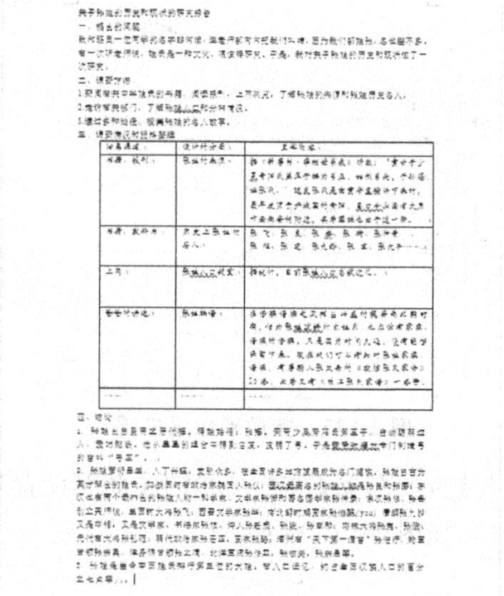

图 3-127 输入内容 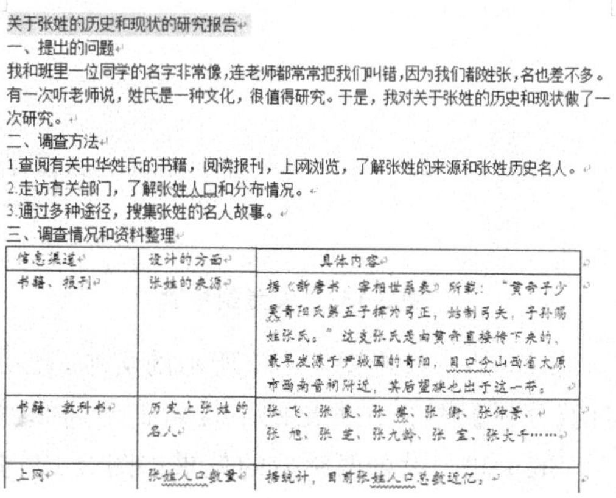　　　　　　　图 3-128 选择标题

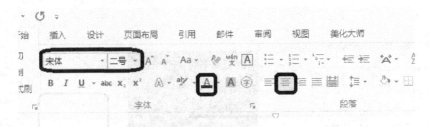

图 3-129　设置标题

Step 04　完成标题的设置，如图 3-130 所示。

Step 05　选择图 3-131 所示的文本。

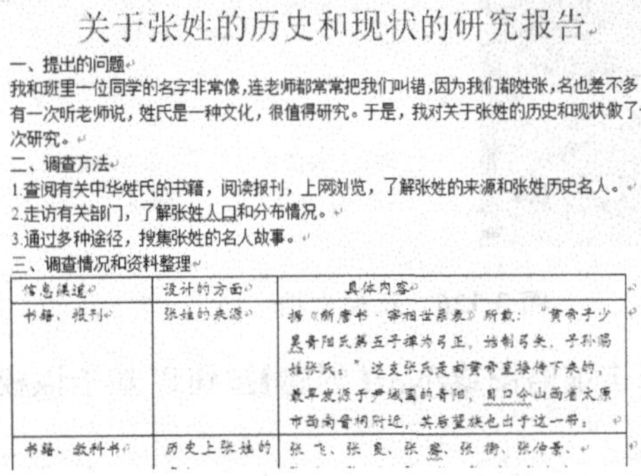

关于张姓的历史和现状的研究报告

一、提出的问题

我和班里一位同学的名字非常像，连老师都常常把我们叫错，因为我们都姓张，名也差不多。有一次听老师说，姓氏是一种文化，很值得研究。于是，我对关于张姓的历史和现状做了一次研究。

二、调查方法

1.查阅有关中华姓氏的书籍，阅读报刊，上网浏览，了解张姓的来源和张姓历史名人。

2.走访有关部门，了解张姓人口和分布情况。

3.通过多种途径，搜集张姓的名人故事。

三、调查情况和资料整理

信息渠道	设计的方面	具体内容
书籍、报刊	张姓的来源	据《新唐书·宰相世系表》所载："黄帝子少昊青阳氏第五子挥为弓正，始制弓矢，子孙赐姓张氏。"这支张氏是由黄帝直接传下来的，最早发源于尹城国的青阳，自口今山西省太原市西南晋祠附近，其后望族也出于这一带。
书籍、教科书	历史上张姓的	张飞、张良、张骞、张衡、张仲景、

图 3-130　文章标题

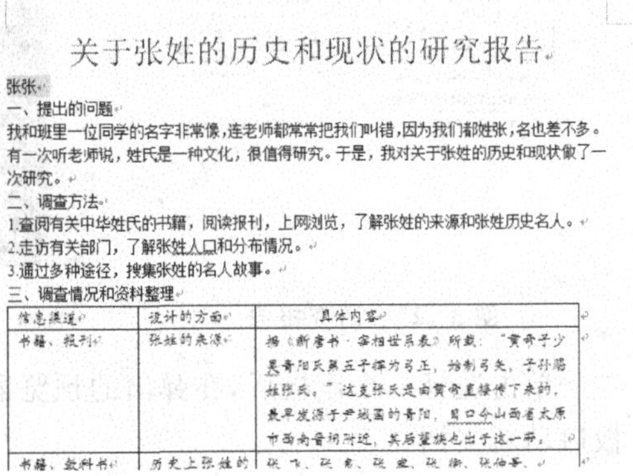

关于张姓的历史和现状的研究报告

张张

一、提出的问题

我和班里一位同学的名字非常像，连老师都常常把我们叫错，因为我们都姓张，名也差不多。有一次听老师说，姓氏是一种文化，很值得研究。于是，我对关于张姓的历史和现状做了一次研究。

二、调查方法

1.查阅有关中华姓氏的书籍，阅读报刊，上网浏览，了解张姓的来源和张姓历史名人。

2.走访有关部门，了解张姓人口和分布情况。

3.通过多种途径，搜集张姓的名人故事。

三、调查情况和资料整理

信息渠道	设计的方面	具体内容
书籍、报刊	张姓的来源	据《新唐书·宰相世系表》所载："黄帝子少昊青阳氏第五子挥为弓正，始制弓矢，子孙赐姓张氏。"这支张氏是由黄帝直接传下来的，最早发源于尹城国的青阳，自口今山西省太原市西南晋祠附近，其后望族也出于这一带。
书籍、教科书	历史上张姓的	张飞、张良、张骞、张衡、张仲景、

图 3-131　选择文本

Step 06　在功能区选择【开始】选项卡，在【样式】组中选择【副标题】选项，如图 3-132 所示。

Step 07　完成副标题的设置，如图 3-133 所示。

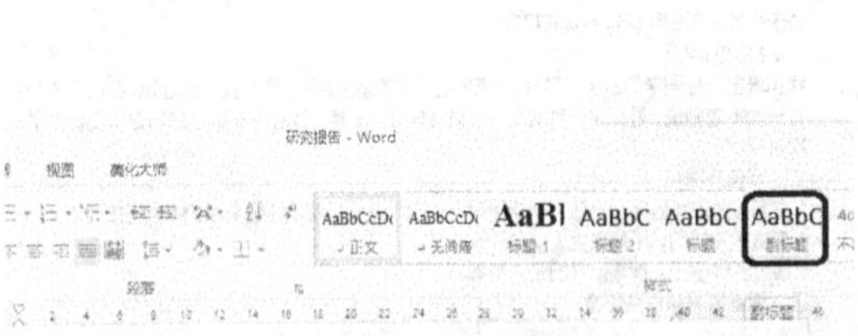

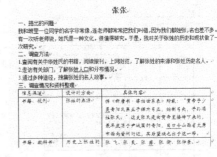

图 3-132　设置副标题

关于张姓的历史和现状的研究报告

张张

一、提出的问题

我和班里一位同学的名字非常像，连老师都常常把我们叫错，因为我们都姓张，名也差不多。有一次听老师说，姓氏是一种文化，很值得研究。于是，我对关于张姓的历史和现状做了一次研究。

二、调查方法

1.查阅有关中华姓氏的书籍，阅读报刊，上网浏览，了解张姓的来源和张姓历史名人。

2.走访有关部门，了解张姓人口和分布情况。

3.通过多种途径，搜集张姓的名人故事。

三、调查情况和资料整理

信息渠道	设计的方面	具体内容
书籍、报刊	张姓的来源	据《新唐书·宰相世系表》所载："黄帝子少昊青阳氏第五子挥为弓正，始制弓矢，子孙赐姓张氏。"这支张氏是由黄帝直接传下来的，最早发源于尹城国的青阳，自口今山西省太原市西南晋祠附近，其后望族也出于这一带。
书籍、教科书	历史上张姓的	张飞、张良、张骞、张衡、张仲景、

图 3-133　完成副标题设置

Step 08　选择图 3-134 所示的文本，在功能区选择【页面布局】选项卡，单击【页面设置】组的【分栏】按钮，在弹出的下拉列表中选择【两栏】选项，如图 3-135 所示。

Step 09　设置两栏后的效果如图 3-136 所示。

Step 10　选择图 3-137 所示的文本，在功能区选择【开始】选项卡，将【字体】设为"华文楷体"，【字号】设为"五号"，如图 3-138 所示。

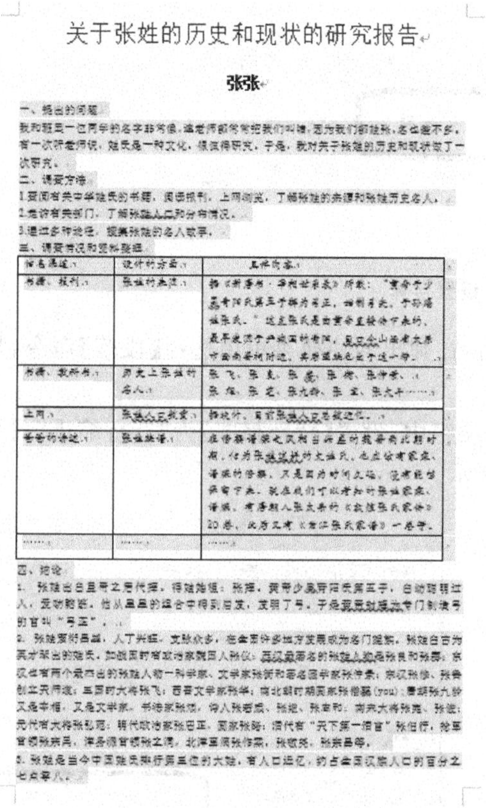

图 3-134 选择文本

图 3-135 设置为两栏

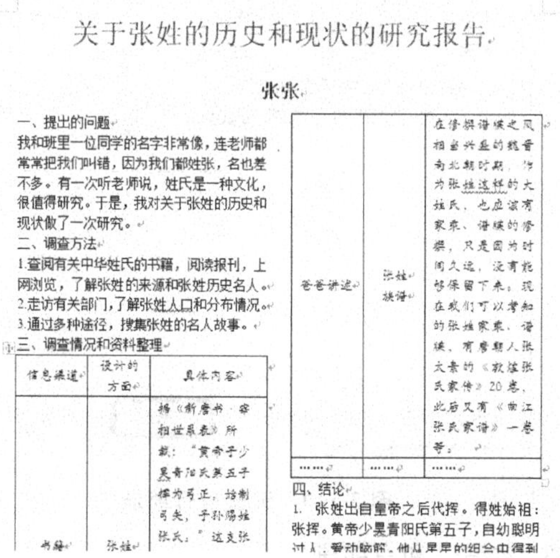

图 3-136 两栏效果

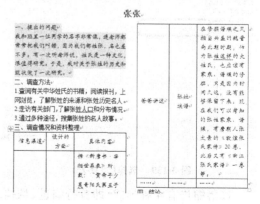

图 3-137 选择文本

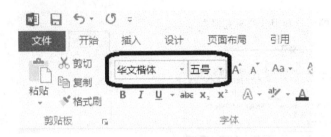

图 3-138 设置字体

Step 11 选择图 3-137 所示的文本并右击,在弹出的快捷菜单中选择【段落】命令,如图 3-139 所示。

Step 12 弹出【段落】对话框,在【缩进】选项组中,设置【特殊格式】为"首行缩进",【缩进值】为"2 字符",单击【确定】按钮,如图 3-140 所示。

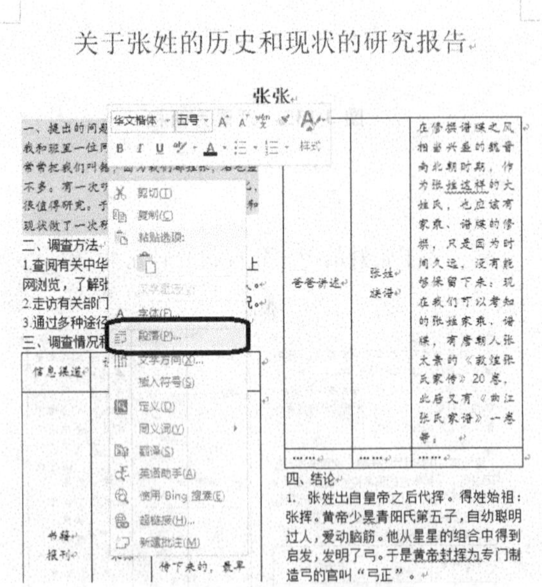

图 3-139 选择【段落】命令 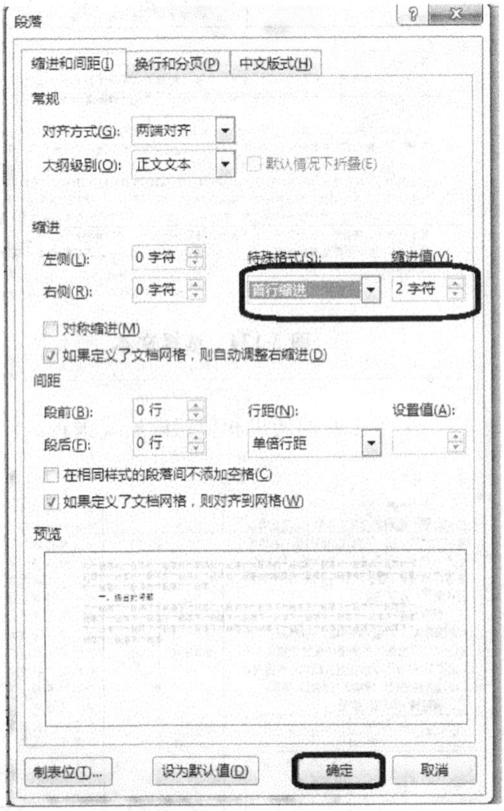　　　　图 3-140 设置首行缩进

段落缩进有 4 种形式,即首行缩进、悬挂缩进、左缩进和右缩进。

Step 13 完成段落设置,如图 3-141 所示。

Step 14 选择图 3-142 所示的段落,在功能区选择【开始】选项卡,在【样式】组中单击【其他】按钮,如图 3-143 所示。

Step 15 在展开的下拉列表中选择【创建样式】选项,如图 3-144 所示;在弹出的对话框中输入新样式名称"书面",如图 3-145 所示。

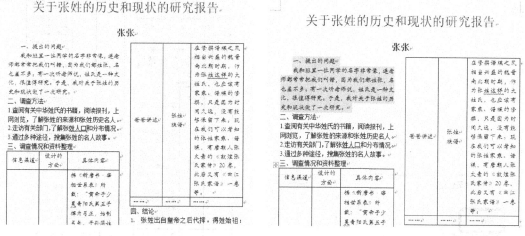

图 3-141 完成段落设置效果   图 3-142 选择段落

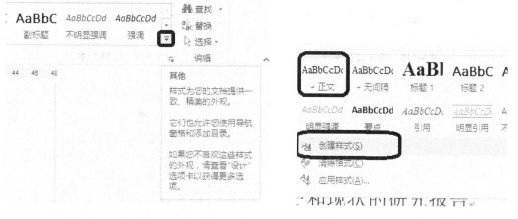

图 3-143 单击【其他】按钮   图 3-144 选择【创建样式】选项

Step 16 单击【确定】按钮,完成样式的创建。

Step 17 选择图 3-146 所示的文本,在功能区选择【开始】选项卡,在【样式】组中选择【书面】样式,如图 3-147 所示。

Step 18 应用样式后,如图 3-148 所示。

Step 19 在文本的下方的新段落中,输入文本"关于张姓的历史和现状的补充说明:",如图 3-149 所示。

Step 20 选择刚输入的文本,在【开始】选项卡的【字体】组中将【字体】设为"宋体(中文正文)",【字号】设为"小四",并单击【加粗】按钮,如图 3-150 所示;完成设置的效果如图 3-151 所示。

图 3-145　输入样式名

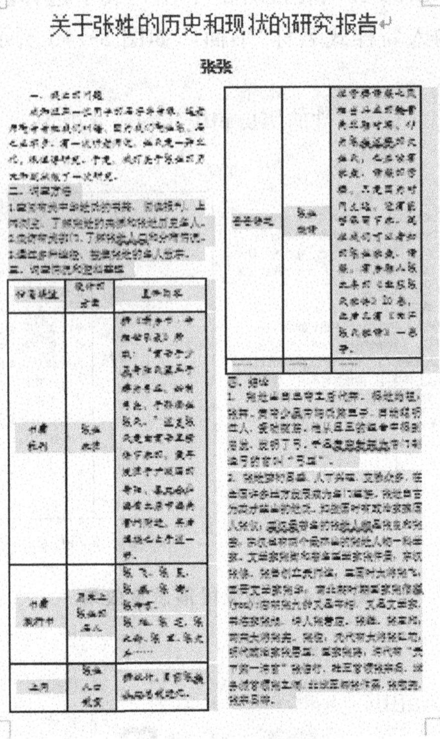

图 3-146　选择文本

图 3-147　选择样式

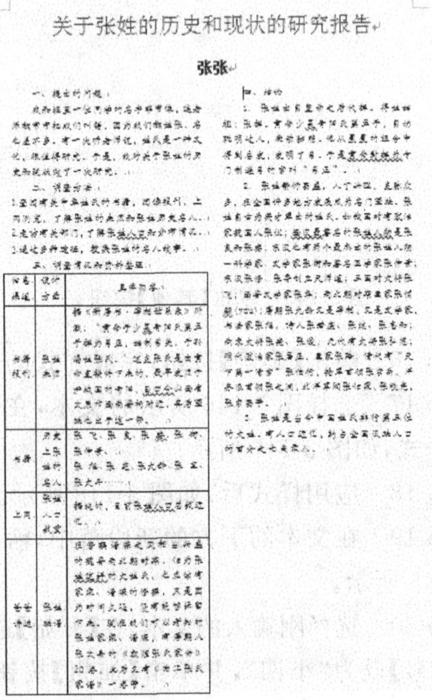

图 3-148　样式效果

图 3-149　输入文本　　　　　　　图 3-150　设置字体

Step 21　将输入光标置于图 3-152 所示的位置,在功能区选择【引用】选项卡,单击【脚注】组中的【插入尾注】按钮,如图 3-153 所示;完成尾注的插入,如图 3-154 所示。

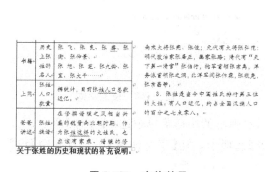
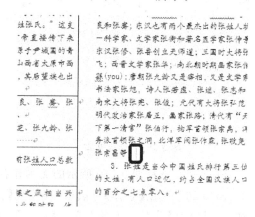

图 3-151　字体效果　　　　　　　图 3-152　放置光标

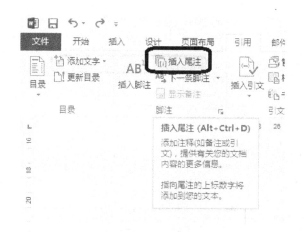

图 3-153　单击【插入尾注】按钮　　　　图 3-154　插入的尾注

Step 22　在下面两段的末尾也插入尾注,如图 3-155 所示。

Step 23　在文档中为尾注输入注释内容,如图 3-156 所示。

Step 24　选择图 3-157 所示的文本,设置所选文本的字体为"幼圆",字号为"小五",设置完成后的效果如图 3-158 所示。

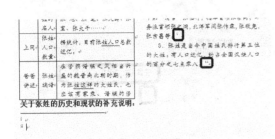

图 3-155　插入其他尾注

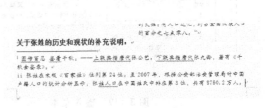

图 3-156　输入内容

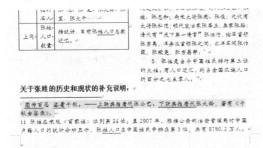

图 3-157　选择文本

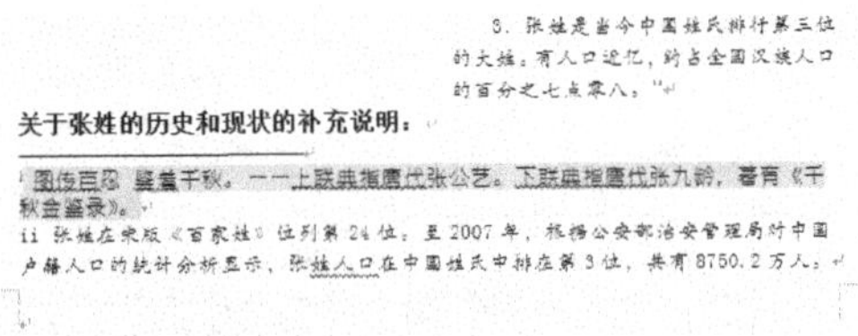

图 3-158　设置字体

Step 25　选择图 3-159 所示的文本并右击，在弹出的快捷菜单中选择【字体】命令。

Step 26　弹出【字体】对话框，切换到【高级】选项卡。在【字符间距】组中，【间距】设为"加宽"，【磅值】设为"1.5 磅"，单击【确定】按钮，如图 3-160 所示。

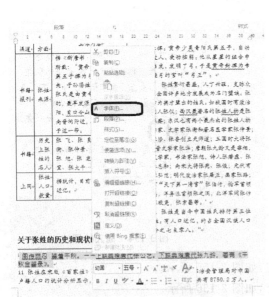

图 3-159　选择【字体】命令

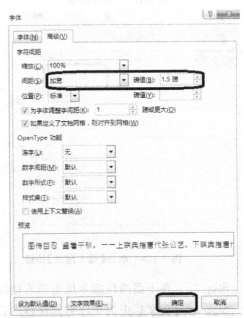

图 3-160　设置间距

Step 27 选择刚设置完的文本,如图 3-161 所示,根据所选的文本的格式创建新样式,样式名为"尾注"。

Step 28 对文档最下边的两段注释文本应用样式,样式选择刚创建的"尾注",完成样式的应用,如图 3-162 所示。

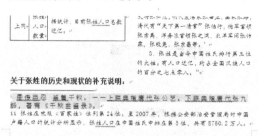

图 3-161 选择文本　　　　　　　　图 3-162 应用样式

Step 29 将输入光标置于文档第一段的开始,如图 3-163 所示。

Step 30 在功能区选择【插入】选项卡,单击【插图】组中的【图片】按钮,如图 3-164 所示。

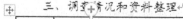

图 3-163 放置光标　　　　　　　　图 3-164 单击【图片】按钮

Step 31 弹出【插入图片】对话框,在该对话框中选择"张氏族谱.png"素材图片,如图 3-165 所示。

Step 32 单击【插入】按钮,完成图片的插入,如图 3-166 所示。

Step 33 调整图片的大小,如图 3-167 所示。

Step 34 右击插入的图片,在弹出的快捷菜单中依次选择【自动换行】、【四周型环绕】命令,如图 3-168 所示。

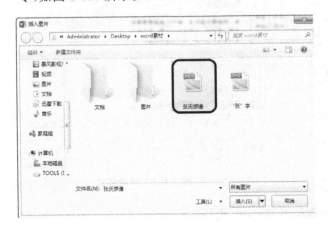
图 3-165 选择图片

图 3-166 插入效果

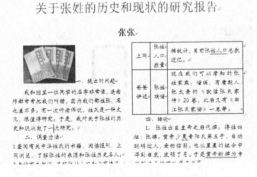
图 3-167 调整图片大小

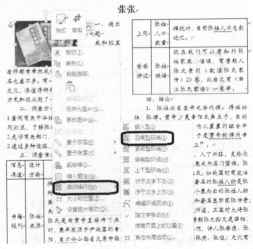
图 3-168 单击【四周型环绕】命令

Step 35 选择插入的图片,按键盘上的方向键微调图片的位置,如图 3-169 所示。

操作六 课程表

【学习目标】

(1) 学习设置文字间距的方法。

(2) 掌握插入并设置表格的方法。

项目 3　Word 2013 的应用

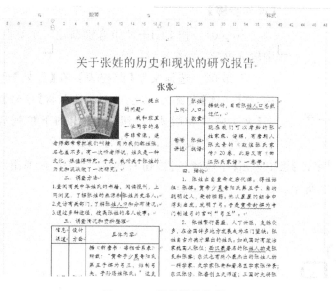

图 3-169　调整图片位置

【操作概述】

本操作将介绍课程表的制作。首先输入并设置标题,然后插入表格,并对表格进行设置,包括设置单元格大小、对齐方式和合并单元格等,最后制作背景。完成后的效果如图 3-170 所示。

图 3-170　课程表

【操作步骤】

Step 01　按 Ctrl+N 组合键新建一个空白文档,然后在文档中输入文字,如图 3-171 所示。

Step 02　选择文字【课程表】,在【开始】选项卡的【字体】组中,将【字体】设置为"方正隶书简体",将【字号】设置为"一号",单击【文本效果和版式】按钮,在弹出的下拉列表中选择【填充-蓝色,着色 1,阴影】选项,如图 3-172 所示。

图 3-171　输入文字

Step 03　在【字体】组中单击【字体颜色】按钮右侧的 ▼ 按钮,在弹出的下拉列表中选择【蓝色】,如图 3-173 所示。

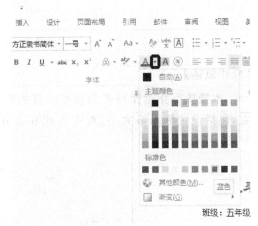

图 3-172　设置文字　　　　　　　　　图 3-173　更改文字颜色

Step 04　在【字体】组中单击 （启动对话框）按钮,弹出【字体】对话框,切换到【高级】选项卡,在【字符间距】选项组中将【间距】设置为"加宽",将【磅值】设置为"1.4 磅",单击【确定】按钮,即可设置字符间距,如图 3-174 所示。

Step 05　在【开始】选项卡的【段落】组中单击【居中】按钮,如图 3-175 所示。

Step 06　选择文字"班级:五年级二班",在【字体】组中将【字号】设置为"小五",将【字体颜色】设置为蓝色,在【段落】组中单击【文本右对齐】按钮,如图 3-176 所示。

Step 07　将光标置于第三行中,在功能区选择【插入】选项卡,在【表格】组中单击【表格】按钮,在弹出的下拉列表中选择【插入表格】选项,如图 3-177 所示。

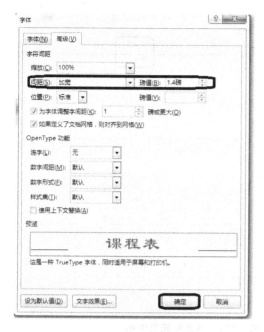
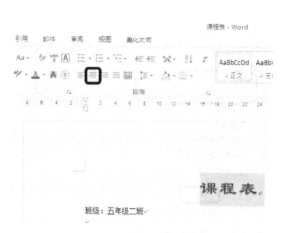

图 3-174 设置字符间距　　　　　　　　图 3-175 设置对齐方式

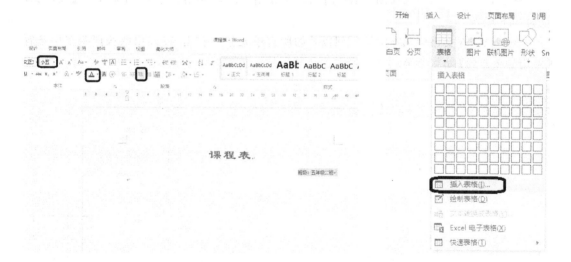

图 3-176 设置文字　　　　　　　　　　图 3-177 选择【插入表格】选项

Step 08　弹出【插入表格】对话框,将【列数】设置为"6",将【行数】设置为"9",单击【确定】按钮,即可在文档中插入表格,如图 3-178 所示。

Step 09　将光标置于第一个单元格中,在功能区选择【表格工具】下的【布局】选项卡,在【单元格大小】组中将表格【高度】设置为"1.37 厘米",将表格【宽度】设置为"3 厘米",如图 3-179 所示。

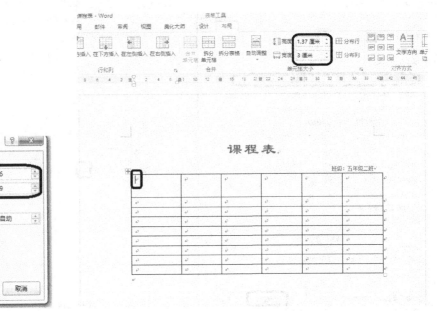

图 3-178　设置列数和行数　　　　　图 3-179　设置单元格大小

Step 10　在文档中选择图 3-180 所示的单元格，在【单元格大小】组中将表格【高度】设置为"0.8 厘米"。

Step 11　在文档中选择除第一列以外的所有单元格并右击，在弹出的快捷菜单中选择【平均分布各列】命令，如图 3-181 所示。

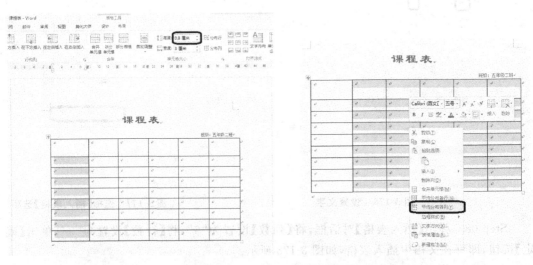

图 3-180　设置单元格行高　　　　　图 3-181　选择【平均分布各列】命令

Step 12　选择整个表格，在【对齐方式】组中单击【水平居中】按钮，如图 3-182 所示。

Step 13　选择第六行中的所有单元格，在【合并】组中单击【合并单元格】按钮，即可将选择的单元格合并，如图 3-183 所示。

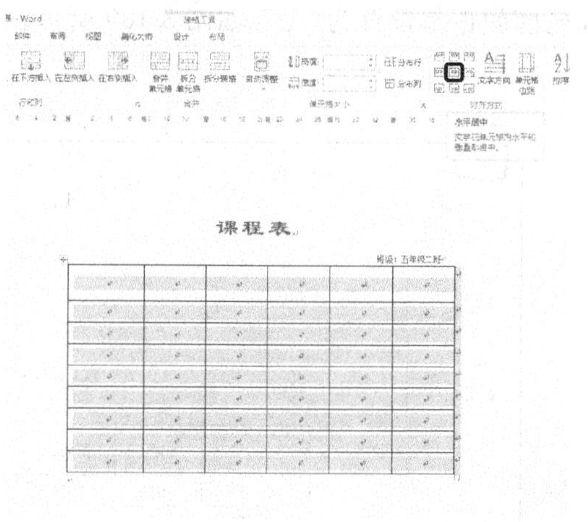

图 3-182 设置对齐方式

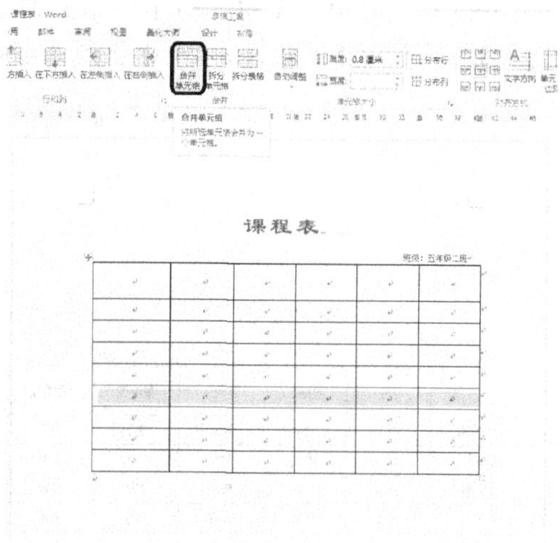

图 3-183 单击【合并单元格】按钮

Step 14 在表格中输入内容，效果如图 3-184 所示。

Step 15 在功能区选择【插入】选项卡，在【插图】组中单击【形状】按钮，在弹出的下拉列表中选择【直线】选项，如图 3-185 所示。

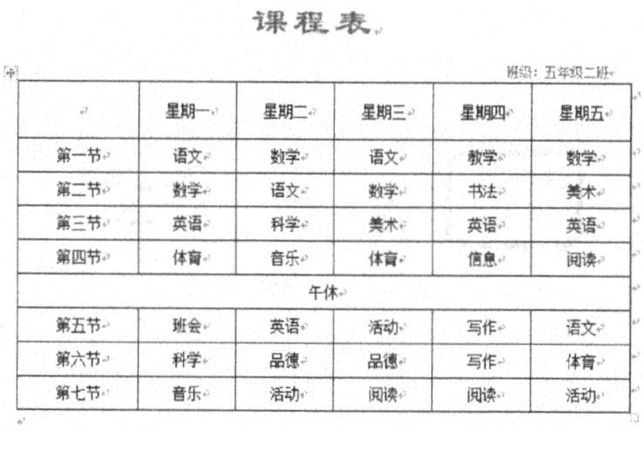

课程表

班级：五年级二班

	星期一	星期二	星期三	星期四	星期五
第一节	语文	数学	语文	数学	数学
第二节	数学	语文	数学	书法	美术
第三节	英语	科学	美术	英语	英语
第四节	体育	音乐	体育	信息	阅读
午休					
第五节	班会	英语	活动	写作	语文
第六节	科学	品德	品德	写作	体育
第七节	音乐	活动	阅读	阅读	活动

图 3-184 输入内容

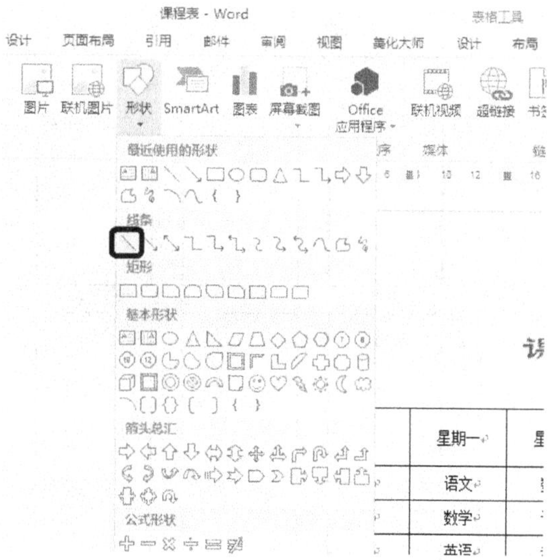

图 3-185 选择【直线】选项

Step 16 在第一个单元格中绘制两条直线，效果如图 3-186 所示。

Step 17 选择新绘制的两条直线，然后在功能区选择【绘图工具】下的【格式】选项卡，在【形状样式】组中单击选择样式【细线-深色 1】，如图 3-187 所示。

Step 18 在功能区选择【插入】选项卡，在【文本】组中单击【文本框】按钮，在弹出的下拉列表中选择【绘制文本框】选项，如图 3-188 所示。

由于文本框有灵活、方便的作用，所以文本框在实际操作过程中经常会被用到。

Step 19 在第一个单元格中绘制文本框并输入文字,输入完成后选择【绘图工具】下的【格式】选项卡,在【形状样式】组中将填充颜色和轮廓颜色都设置为"无",如图 3-189 所示。

图 3-186 绘制直线

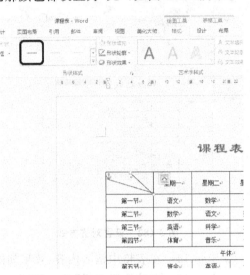

图 3-187 设置直线样式

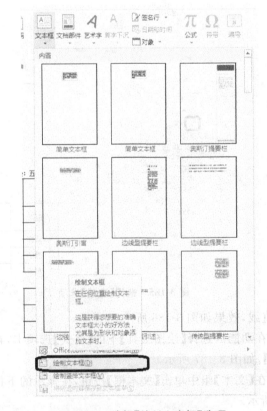

图 3-188 选择【绘制文本框】选项

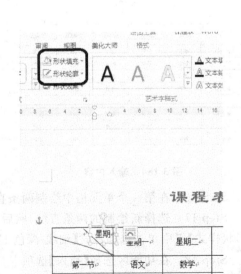

图 3-189 设置文本框颜色

Step 20 使用同样的方法,继续绘制文本框并输入文字,然后对文本框进行设置,效果如图 3-190 所示。

Step 21 选择【插入】选项卡,在【插图】组中单击【图片】按钮,弹出【插入图片】对话框,在该对话框中选择素材图片"课程表背景.jpg",单击【插入】按钮,即可将选择的素材图片插入至文档中,如图 3-191 所示。

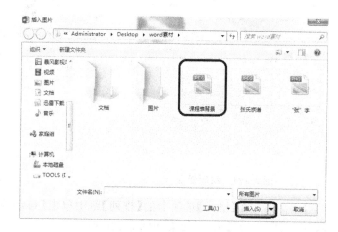

图 3-190 绘制文本框并输入文字　　　　图 3-191 选择素材图片

Step 22 在功能区选择【图片工具】下的【格式】选项卡,在【排列】组中单击【自动换行】按钮,在弹出的下拉列表中选择【衬于文字下方】选项,如图 3-192 所示。

Step 23 在【大小】组中将形状【高度】和形状【宽度】分别设置为"14.87 厘米"和"16.06 厘米",并在文档中调整其位置,效果如图 3-193 所示。

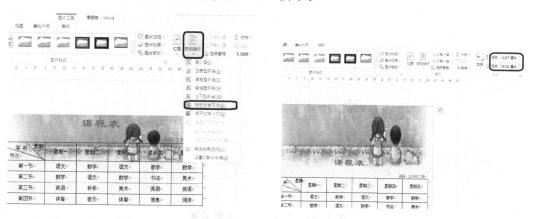

图 3-192 选择【衬于文字下方】选项　　　　图 3-193 调整素材图片

Step 24 在功能区选择【插入】选项卡,在【插图】组中单击【形状】按钮,在弹出的下拉列表中选择【矩形】选项,然后在文档中绘制矩形,如图 3-194 所示。

Step 25 在功能区选择【绘图工具】下的【格式】选项卡,在【形状样式】组中单击 （启动对话框）按钮,弹出【设置形状格式】任务窗格,在【填充】选项组中将【颜色】设置为"白色",将【透明度】设置为"19%",在【线条】选项组中选择【无线条】单选按钮,如图 3-195 所示。

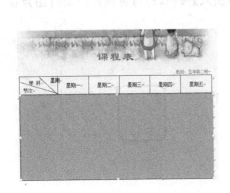
图 3-194　绘制矩形

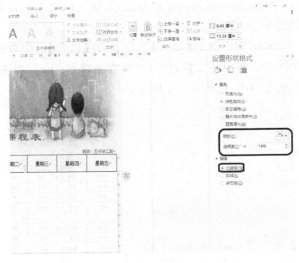
图 3-195　设置形状格式

Step 26　在【格式】选项卡的【排列】组中单击【自动换行】按钮，在弹出的下拉列表中选择【衬于文字下方】选项，效果如图 3-196 所示。

图 3-196　衬于文字下方的效果

操作七　图文混排

【学习目标】

(1) 学习设置文字样式的方法。

(2) 掌握设置文字环绕图形的方法。

项目3　Word 2013的应用

【操作概述】

　　图文混排，顾名思义，就是将文字与图片混合排列，文字可在图片的四周、嵌入图片下面、浮于图片上方等。本操作将介绍图文混排案例的制作，完成后的效果如图3-197所示。

图3-197　图文混排

【操作步骤】

　　Step 01　打开"图文混排—蝴蝶.docx"素材文档，打开的文档如图3-198所示。

　　Step 02　在功能区选择【设计】选项卡，在【页面背景】组中单击【页面颜色】按钮，在弹出的下拉列表中选择【填充效果】选项，如图3-199所示。

　　Step 03　弹出【填充效果】对话框，切换到【图片】选项卡，单击【选择图片】按钮，如图3-200所示。

　　Step 04　在弹出的对话框中选择【来自文件】选项，如图3-201所示。

图 3-198 素材文档   图 3-199 选择【填充效果】选项

图 3-200 单击【选择图片】按钮   图 3-201 单击【来自文件】选项

Step 05 弹出【选择图片】对话框，在该对话框中选择"图文混排背景.jpg"素材图片，单击【插入】按钮，如图 3-202 所示。

Step 06 返回到【填充效果】对话框，单击【确定】按钮，即可插入背景图片，效果如图 3-203 所示。

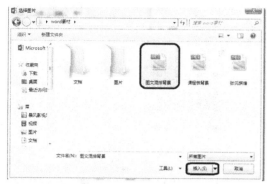

图 3-202　选择素材图片　　　　　　　　　图 3-203　插入的图片

Step 07　在【文档格式】组中单击【其他】按钮,在弹出的下拉列表中选择【极简】选项,如图 3-204 所示。

Step 08　选择第一行中的文字"蝴蝶(昆虫)",然后在功能区选择【开始】选项卡,在【样式】组中选择【标题 1】选项,如图 3-205 所示。

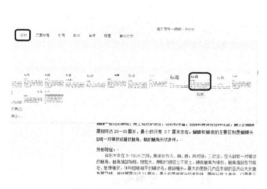

图 3-204　设置文档格式　　　　　　　　　图 3-205　设置文字标题

Step 09　在【字体】组中将【字体】设置为"汉仪综艺体简",将【字号】设置为"二号",单击【文本效果和版式】按钮,在弹出的下拉列表中选择【填充-蓝色,着色 1,阴影】选项,如图 3-206 所示。

Step 10　单击【字体颜色】按钮右侧的▼按钮,在弹出的下拉列表中选择【紫色】选项,效果如图 3-207 所示。

Step 11　在功能区选择【插入】选项卡,在【插图】组中单击【形状】按钮,在弹出的下拉列表框中选择【椭圆】选项,如图 3-208 所示。

Step 12　在文档中绘制椭圆,效果如图 3-209 所示。

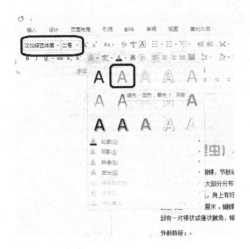
图 3-206 设置文字

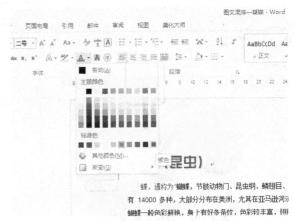
图 3-207 设置字体颜色

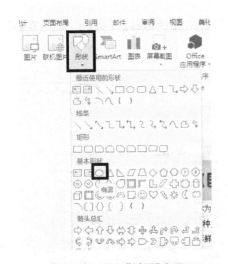
图 3-208 选择【椭圆】选项

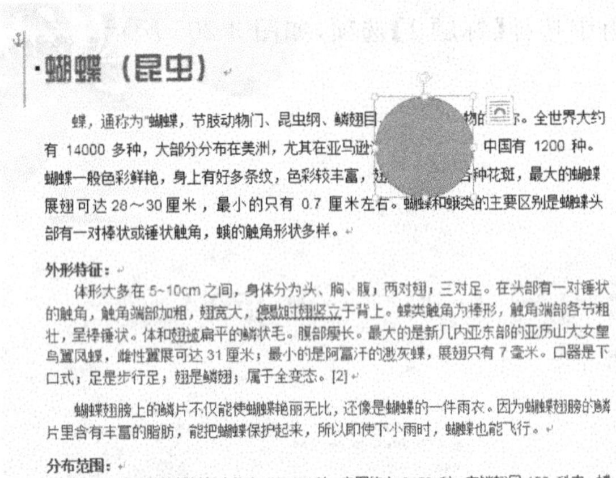

图 3-209 绘制椭圆

使用椭圆工具绘制图形时,按住 Shift 键可以绘制正圆形。

Step 13 在功能区选择【绘图工具】下的【格式】选项卡,在【形状样式】组中单击【形状填充】按钮,在弹出的下拉列表中选择【图片】选项,如图 3-210 所示。

Step 14 在弹出的对话框中单击【来自文件】选项,弹出【插入图片】对话框,在该对话框中选择"蝴蝶 1.jpg"素材图片,单击【插入】按钮,即可将选择的素材图片插入至椭圆中,如图 3-211 所示。

Step 15 在功能区选择【图片工具】下的【格式】选项卡,在【大小】组中单击【裁剪】按钮,在弹出的下拉列表中选择【调整】选项,如图 3-212 所示。

Step 16 在文档中调整图片的大小和位置,效果如图 3-213 所示。

项目3 Word 2013的应用

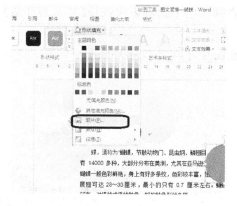

图 3-210　选择【图片】选项　　　　　图 3-211　选择素材图片

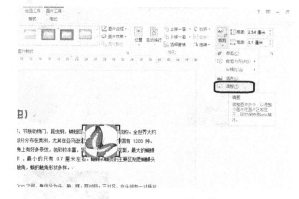

图 3-212　选择【调整】选项　　　　　图 3-213　调整图片

Step 17　调整完成后按 Esc 键即可。在功能区选择【绘图工具】下的【格式】选项卡,在【形状样式】组中单击【形状轮廓】按钮,在弹出的下拉列表中选择【无轮廓】选项,如图 3-214 所示。

Step 18　在【形状样式】组中单击【形状效果】按钮,在弹出的下拉列表中选择【阴影】|【右下斜偏移】选项,如图 3-215 所示。

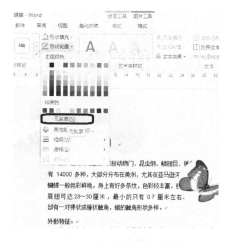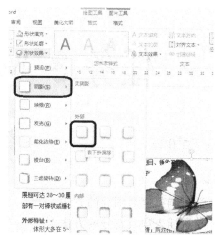

图 3-214　选择【无轮廓】选项　　　　　图 3-215　添加阴影

Step 19 在【排列】组中单击【自动换行】按钮,在弹出的下拉列表中选择【紧密型环绕】选项,如图 3-216 所示。

Step 20 使用同样的方法,继续绘制图形并填充图片,然后对文字环绕图形的方式进行设置,效果如图 3-217 所示。

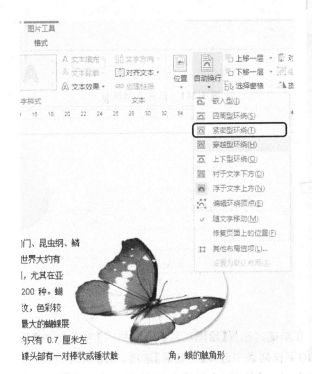

图 3-216 选择【紧密型环绕】选项　　　　图 3-217 制作其他内容

任务 3　Word 2013 的综合应用

操作一　工作证

【学习目标】

(1) 学习调整素材图片的方法。

(2) 掌握插入项目符号的方法。

项目 3　Word 2013的应用

【操作概述】

工作证是公司或单位组织成员的证件。下面我们以武汉科玛科技有限公司工作证为例,如图 3-218 所示,介绍如何使用 Word 2013 制作工作证。

图 3-218　工作证

【操作步骤】

Step 01　启动 Word 2013,在打开的界面中单击【空白文档】选项,新建空白文档,如图 3-219 所示。

Step 02　在功能区选择【插入】选项卡,在【插图】组中单击【形状】按钮后弹出下拉列表,在下拉列表中选择【矩形】选项,如图 3-220 所示。

图 3-219　新建空白文档

图 3-220　选择【矩形】选项

Step 03 在文档空白处拖动鼠标绘制图 3-221 所示的矩形。

Step 04 选中绘制的矩形,在功能区选择【绘图工具】下的【格式】选项卡,在【大小】组中将形状【高度】设置为"9.2 厘米",形状【宽度】设置为"11.6 厘米",如图 3-222 所示。

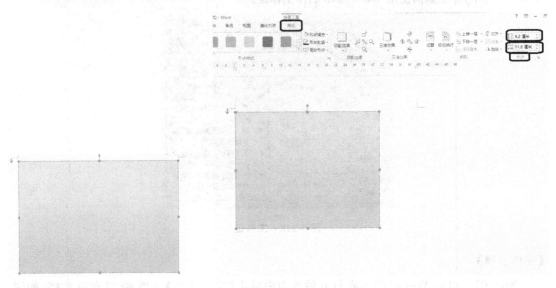

图 3-221 绘制矩形　　　　　　　　　图 3-222 设置矩形大小

Step 05 给矩形设置完大小后的效果如图 3-223 所示。

Step 06 选中绘制的矩形,选择【绘图工具】下的【格式】选项卡,单击【形状样式】组右下角的【设置形状格式】按钮,此时会在文档的右侧弹出【设置形状格式】任务窗格,如图 3-224 所示。

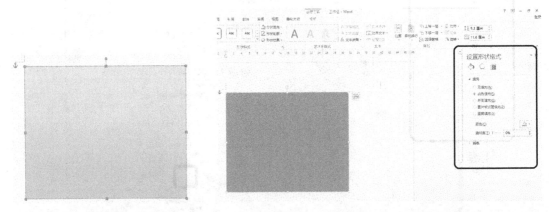

图 3-223 设置完大小的效果图　　　　图 3-224 【设置形状格式】任务窗格

Step 07 确定已选中矩形图形,在【设置形状格式】任务窗格中选择【填充】选项卡,单击【填充】按钮,在弹出的下拉列表中选择【图片或纹理填充】,在【纹理】组中单击【纹理】按钮,如图 3-225 所示。

Step 08 在弹出的下拉列表中选择【栎木】选项,如图 3-226 所示。

项目 3　Word 2013 的应用

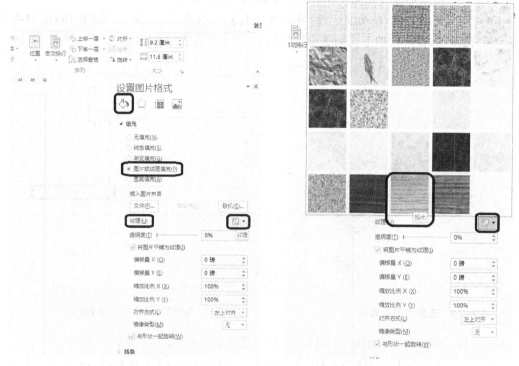

图 3-225　单击【纹理】按钮　　　　　　　　　图 3-226　选择【栎木】选项

Step 09　此时会在绘制的矩形图案中填充栎木纹理,其效果如图 3-227 所示。

Step 10　选中填充栎木纹理的矩形,在功能区选择【绘图工具】下的【格式】选项卡,在【形状样式】组中单击【形状轮廓】按钮,在弹出的下拉列表中选择【无轮廓】选项,如图 3-228 所示。

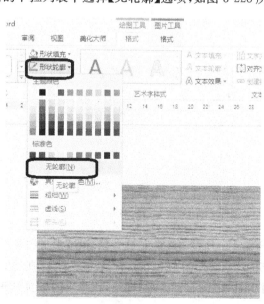

图 3-227　填充栎木的效果　　　　　　　　　图 3-228　选择【无轮廓】选项

Step 11 给矩形设置完无轮廓后其效果如图 3-229 所示。

Step 12 选中矩形,在功能区选择【图片工具】下的【格式】选项卡,在【排列】组中单击【自动换行】按钮,在弹出的下拉列表中选择【衬于文字下方】选项,如图 3-230 所示。

图 3-229 无轮廓的效果图　　　　　　图 3-230 选择【衬于文字下方】选项

Step 13 此时可以将矩形在文档空白处随意拖动,如图 3-231 所示。

Step 14 在功能区选择【插入】选项卡,在【插图】组中单击【图片】按钮,在弹出的【插入图片】对话框中选择"红色花纹背景.jpg"素材文档,然后单击【插入】按钮,如图3-232所示。

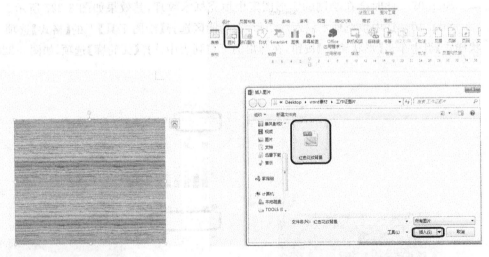

图 3-231 随意拖动矩形　　　　　　图 3-232 【插入图片】对话框

Step 15 插入"红色花纹背景.jpg"素材图片的效果如图 3-233 所示。

Step 16 选中"红色花纹背景.jpg"图片,在功能区选择【图片工具】下的【格式】选项卡,在【排列】组中单击【自动换行】按钮,在弹出的下拉列表中选择【衬于文字下方】选项,如图 3-234 所示。

图 3-233 插入图片的效果

图 3-234 选择【衬于文字下方】选项

Step 17 确定选中"红色花纹背景.jpg"图片,选择【图片工具】下的【格式】选项卡,单击【大小】组中右下角的启动对话框按钮,在弹出的【布局】对话框中切换到【大小】选项卡,设置【高度】|【绝对值】为"8.55厘米",【宽度】|【绝对值】为"5.4厘米",在【缩放】组中取消选中【锁定纵横比】复选框,设置完后单击【确定】按钮,如图 3-235 所示。

Step 18 设置后的效果如图 3-236 所示。

图 3-235 【布局】对话框

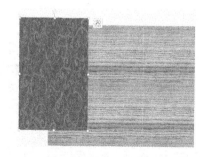

图 3-236 设置后的效果

Step 19　拖动"红色花纹背景.jpg"素材图片到合适的位置,其效果如图 3-237 所示。

Step 20　选中"红色花纹背景.jpg"图片,选择【图片工具】下的【格式】选项卡,在【调整】组中单击【更正】按钮,在弹出的下拉列表中选择【亮度:+40％ 对比度:+20％】选项,如图 3-238 所示。

图 3-237　拖动图片后的效果

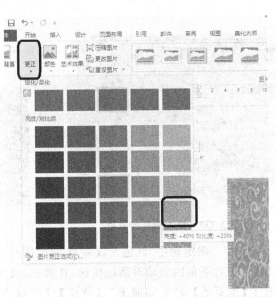

图 3-238　调整图片对比度和亮度

Step 21　调整后的效果如图 3-239 所示。

Step 22　在功能区选择【插入】选项卡,在【插图】组中单击【形状】按钮,在弹出的下拉列表中选择【矩形】组中的【圆角矩形】选项,如图 3-240 所示。

图 3-239　完成调整后的效果

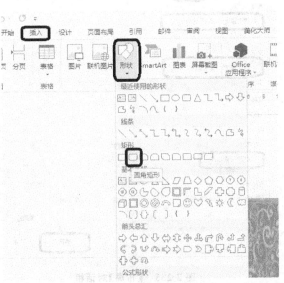

图 3-240　选择【圆角矩形】选项

Step 23 在文档处绘制圆角矩形图案,如图 3-241 所示。

Step 24 选中圆角矩形图案,在功能区选择【绘图工具】下的【格式】选项卡,单击【形状样式】组右下角的【设置形状格式】按钮,在弹出的对话框中选择【填充】选项卡,单击填充按钮,在弹出的下拉列表中选中【图片或纹理填充】复选框,在【纹理】组中单击【纹理】按钮,在弹出的下拉列表中选择【栎木】纹理,如图 3-242 所示。

图 3-241 绘制圆角矩形

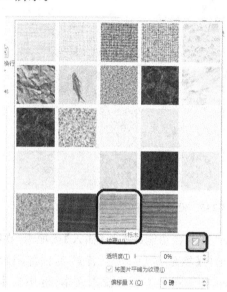
图 3-242 填充【栎木】纹理

Word 2013 为用户提供了许多常用的纹理效果,用户可以直接选择相应的纹理进行添加,这样可以大大节省时间。

Step 25 填充后的效果如图 3-243 所示。

Step 26 在【格式】选项卡的【形状样式】组中单击【形状轮廓】按钮,在弹出的下拉列表中选择【无轮廓】选项,如图 3-244 所示。

图 3-243 填充完成后的效果

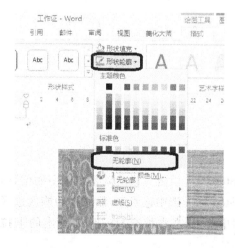
图 3-244 选择【无轮廓】选项

Step 27　设置完成后的效果如图 3-245 所示。

Step 28　插入"彩色商标.png"图片,根据前面设置图片的方法设置"彩色商标.png"图片,设置完成后的效果如图 3-246 所示。

图 3-245　设置完成后的效果(无轮廓)　　　　图 3-246　设置完成后的效果(插入图片)

Step 29　在功能区选择【插入】选项卡,在【文本】组中单击【艺术字】按钮,在弹出的下拉列表中选择【填充-灰色-25%,背景 2,内部阴影】选项,如图 3-247 所示。

Step 30　在文本框中输入文本,选中文本,选择【开始】选项卡,在【字体】组中设置【字号】为"四号",设置【字体】为"宋体(中文正文)",如图 3-248 所示。

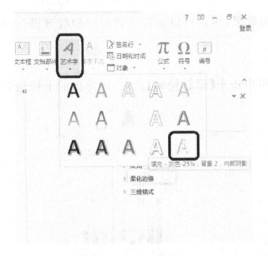 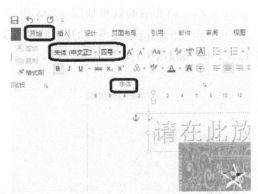

图 3-247　插入艺术字　　　　　　　　　　图 3-248　设置字体

Step 31　设置完成后调整艺术字的位置,完成后的效果如图 3-249 所示。

Step 32　选中艺术字,然后在功能区选择【绘图工具】下的【格式】选项卡,在【艺术字样式】组中单击【文本填充】按钮,在弹出的下拉列表中选择【白色,背景 1】选项,如图 3-250 所示。

图 3-249　设置完成后的效果（艺术字）　　　图 3-250　选择【白色，背景 1】选项（文本填充）

Word 2013 为用户提供了很多艺术效果字样，用户可以根据需要选择相应的艺术效果，也可以在该艺术效果的基础上进行更改，达到想要的效果。

Step 33　在【艺术字样式】组中单击【文本轮廓】按钮，在弹出的下拉列表中选择【白色，背景 1】选项，如图 3-251 所示。

Step 34　设置完成后的效果如图 3-252 所示。

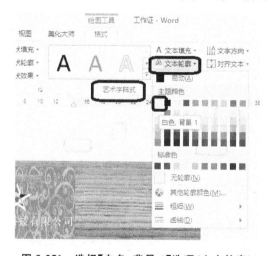

图 3-251　选择【白色，背景 1】选项（文本轮廓）　　　图 3-252　设置完成后的效果（Step 34）

Step 35　根据前面绘制矩形的方法绘制一个矩形，并且根据前面设置矩形的方法设置矩形为"衬于文字下方"，【形状填充】设置为"橙色，着色 2，淡色 60%"，【形状轮廓】设置为"黑色"，设置完成后调整矩形的位置如图 3-253 所示。

Step 36　选中矩形，然后在功能区选择【绘图工具】下的【格式】选项卡，在【形状样式】组中单击【形状轮廓】按钮，在弹出的下拉列表中选择【虚线】选项，此时会弹出一个子菜单，在级联菜单中选择【方点】选项，如图 3-254 所示。

图 3-253 设置完成后的效果（Step 35）　　　　图 3-254 设置形状轮廓

Step 37　在功能区选择【插入】选项卡，在【文本】组中单击【文本框】按钮，在弹出的下拉列表中选择【绘制竖排文本框】选项，如图 3-255 所示。

Step 38　在文本框中输入文本，选中文本，选择【开始】选项卡，在【字体】组中将【字号】设置为"小二"，在【段落】组中单击【居中】按钮，如图 3-256 所示。

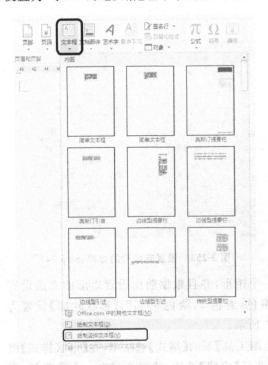
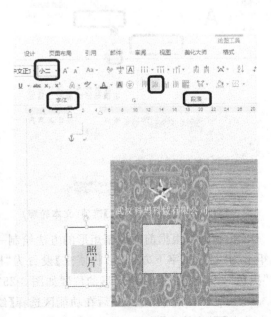

图 3-255 选择【绘制竖排文本框】选项　　　　图 3-256 设置文字

Step 39 选择【绘图工具】下的【格式】选项卡,在【形状样式】组中单击【形状填充】按钮,在弹出的下拉列表中选择【无填充颜色】选项;单击【形状轮廓】按钮,在弹出的下拉列表中选择【无轮廓】选项,调整文本框的位置,设置完成后的效果如图 3-257 所示。

Step 40 在功能区选择【插入】选项卡,在【文本】组中单击【文本框】按钮,在弹出的下拉列表中选择【绘制文本框】选项,用同样的设置方法设置文本框。在文本框中输入文本,设置【字体】为"宋体(中文正文)",【字号】设置为"五号",设置完成后调整文本框的位置,如图 3-258 所示。

图 3-257 设置完成后的效果(Step 39)

图 3-258 设置完成后的效果(Step 40)

Step 41 在功能区选择【插入】选项卡,在【插图】组中单击【形状】按钮,在弹出的下拉列表中选择【直线】选项,如图 3-259 所示。

Step 42 在文本中绘制直线,绘制完成后的效果如图 3-260 所示。

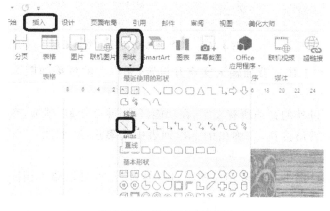
图 3-259 选择【直线】选项

图 3-260 绘制直线

Step 43 选中直线,在功能区选择【绘图工具】下的【格式】选项卡,在【形状样式】组中选择【细线,深色 1】选项,设置完成后的效果如图 3-261 所示。

Step 44 用相同的方法绘制其余三条直线,其效果如图 3-262 所示。

图 3-261　设置完成后的效果（Step 43）

图 3-262　设置完成后的效果（Step 44）

Step 45　选中红色花纹背景图片，按住 Ctrl 键将图片移动到图 3-263 所示的位置。

Step 46　复制白色商标和绘制的圆角矩形，将其移动到背面，如图 3-264 所示。

图 3-263　复制并移动图片

图 3-264　复制并移动商标和圆角矩形

Step 47　根据前面的操作步骤，在工作证背面输入文字并设置，完成后的效果如图 3-265 所示。

Step 48　选中背面除"注意事项"以外的其他所有文字，在功能区选择【开始】选项卡，在【段落】组中单击【项目符号】右侧的下三角按钮，在弹出的下拉列表中选●选项，如图3-266所示。

对于项目符号的创建，Word 为用户提供了很多相应的项目符号，用户也可以载入相应的图片，将其当作项目符号。

Step 49　至此，工作证已设置完成，其最终效果如图 3-267 所示，对完成后的文件进行保存。

项目3 Word 2013的应用

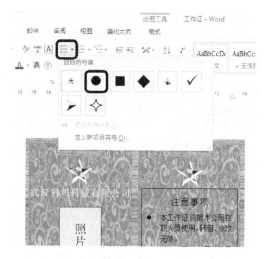

图 3-265　输入文本后的效果　　　　　图 3-266　设置项目符号

图 3-267　工作证的最终效果图

操作二　入场券

【学习目标】

(1) 学习加粗文字的方法。

(2) 掌握调整素材图片大小的方法。

【操作概述】

本操作将介绍入场券的制作。首先插入背景图片,然后输入文字,最后通过绘制矩形来美化页面。完成后的效果如图 3-268 和图 3-269 所示。

【操作步骤】

Step 01　打开 Word 2013,新建一个空白文档,在功能区选择【插入】选项卡,在【插图】组中单击【图片】按钮,如图 3-270 所示。

图 3-268　入场券（正面）

图 3-269　入场券（背面）

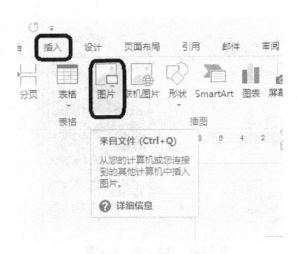

图 3-270　单击【图片】按钮

Step 02　在弹出的【插入图片】对话框中选择"背景 01.jpg"素材文件，如图 3-271 所示。

Step 03　执行该操作后即可插入"背景 01.jpg"文件，效果如图 3-272 所示。

图 3-271　选择背景图片

图 3-272　插入图片的效果

Step 04　在功能区选择【图片工具】下的【格式】选项卡，在【大小】组中将形状【高度】设置为"7.18 厘米"，将形状【宽度】设置为"17.75 厘米"，如图 3-273 所示。

Step 05　执行该操作后即可完成对图片的设置，效果如图 3-274 所示。

Step 06　选择图片文件后右击，在弹出的快捷菜单中选择【自动换行】|【衬于文字下方】命令，如图 3-275 所示。

Step 07　执行该操作后，即可随意拖动图片，如图 3-276 所示。

Step 08　在功能区选择【插入】选项卡，在【文本】组中单击【文本框】按钮，在弹出的下拉列表中选择【绘制文本框】选项，如图 3-277 所示。

Step 09　这时光标会变为"+"样式，然后在图片上绘制一个文本框，效果如图 3-278 所示。

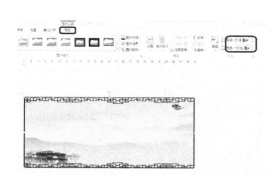
图 3-273 设置图片的大小

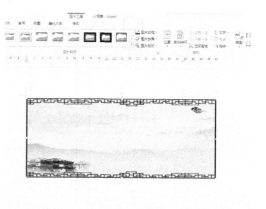
图 3-274 完成设置后的效果（Step 05）

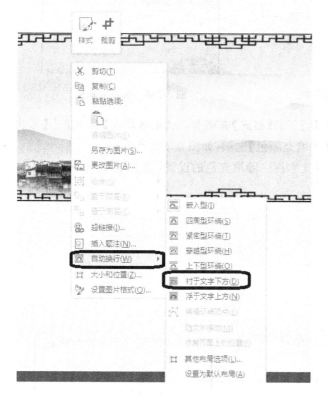
图 3-275 选择【衬于文字下方】命令

图 3-276 移动位置后的图片

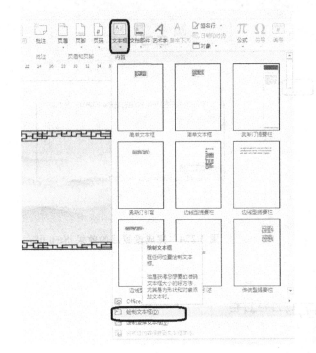

图 3-277 选择【绘制文本框】选项

图 3-278 绘制文本框

Step 10 绘制完成后选择【绘图工具】下的【格式】选项卡,在【形状样式】组中单击【形状填充】按钮,在弹出的下拉列表中选择【无填充颜色】选项,如图 3-279 所示。

Step 11 执行该操作后即可完成对文本框去除填充色的设置,效果如图 3-280 所示。

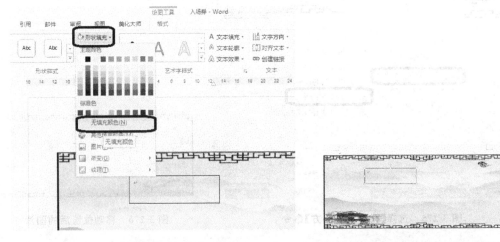

图 3-279 选择【无填充颜色】选项　　　图 3-280 去除文本框的填充颜色

Step 12 在功能区选择【绘图工具】下的【格式】选项卡,在【形状样式】组中单击【形状轮廓】按钮,在弹出的下拉列表中选择【无轮廓】选项,如图 3-281 所示。

Step 13 执行该操作后即可完成对文本框去除轮廓的设置,效果如图 3-282 所示。

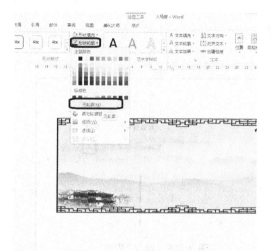
图3-281 选择【无轮廓】选项

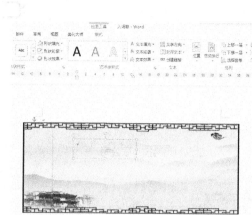
图3-282 去除文本框的轮廓

Step 14 选择文本框,在【绘图工具】下的【格式】选项卡中将【大小】组的形状【高度】设置为"1.64厘米",将形状【宽度】设置为"9.95厘米",执行该操作后即可完成对文本框的大小设置,效果如图3-283所示。

在实际操作过程中,用户可以调节文本框的各个顶点,调整其大小。

Step 15 选择文本框并输入文字,在【开始】选项卡的【字体】组中设置【字体】为"微软雅黑",【字号】设置为"一号",如图3-284所示。

图3-283 设置文本框的大小

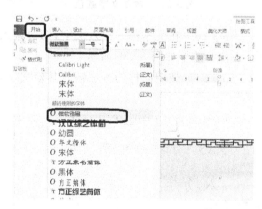
图3-284 设置字体和字号

Step 16 执行该操作后即可完成对字体的设置,效果如图3-285所示。

Step 17 选择所有文字,在【开始】选项卡的【字体】组中单击【字体颜色】按钮,在弹出的下拉列表中选择"紫色",如图3-286所示。

Step 18 执行该操作后即可完成对文字颜色的设置,效果如图3-287所示。

Step 19 再插入一个形状高度为1.72厘米、形状宽度为4.37厘米的文本框,如图3-288所示。

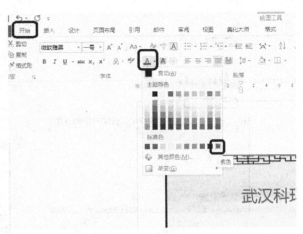

图 3-285 设置字体的效果　　　　　　图 3-286 选择"紫色"

图 3-287 改变文字颜色　　　　　　图 3-288 插入新文本框并设置大小

Step 20　在文本框中输入文字,选中输入的文字,将【字体】设置为"宋体",【字号】设置为"小初",效果如图 3-289 所示。

Step 21　使用同样的方法输入其他文字,并调整其位置,如图 3-290 所示。

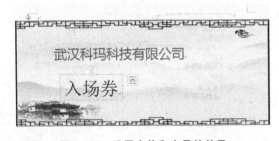
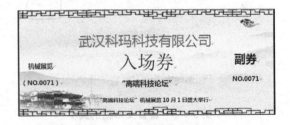

图 3-289 设置字体和字号的效果　　　　图 3-290 输入其他文字后的效果

Step 22　单击背景图片,在功能区选择【图片工具】下的【格式】选项卡,在【调整】组中单击【更正】按钮,在弹出的下拉列表中选择【亮度:+20%　对比度:+40%】选项,如图 3-291 所示。

Step 23　执行该操作后即可完成对背景图片的调整,效果如图 3-292 所示。

Step 24　在功能区选择【插入】选项卡,在【插图】组中单击【图片】按钮,如图 3-293 所示。

Step 25　在弹出的对话框中选择"素材 02.png"素材文件,如图 3-294 所示。

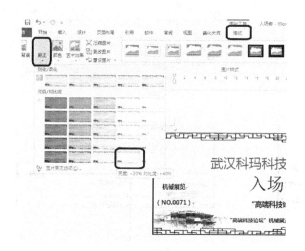 

图 3-291　单击【更正】按钮　　　　图 3-292　调整后的效果

 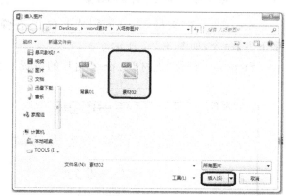

图 3-293　单击【图片】按钮　　　　图 3-294　插入素材图片

【知识链接】

　　PNG 格式图片因其高保真性、透明性及文件体积较小等特性,被广泛应用于网页设计、平面设计中。网络通信中因受带宽制约,在保证图片清晰、逼真的前提下,网页中不可能大范围地使用文件较大的 BMP、JPG 格式文件。GIF 格式文件虽然文件较小,但其颜色失色严重,不尽如人意,所以 PNG 格式文件自诞生之日起就大受欢迎。

　　PNG 格式图片通常被当作素材来使用。在设计过程中,不可避免地要搜索相关文件,如果是 JPG 格式文件,抠图就在所难免,费时费力;GIF 格式文件虽然具有透明性,但只是对其中一种或几种颜色设置为完全透明,并没有考虑对周围颜色的影响。所以,此时 PNG 格式文件就成了我们的不二之选。

　　Step 26　单击【插入】按钮,即可在文档中插入"素材 02.png"图片,效果如图 3-295 所示。

　　Step 27　选择"素材 02.png"图片,在功能区选择【图片工具】下的【格式】选项卡,在【大小】组中将形状【高度】设置为"2.81 厘米",将形状【宽度】设置为"2.73 厘米",效果如图 3-296 所示。

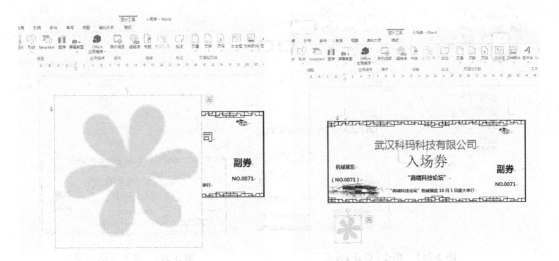

图 3-295　插入图片后的效果　　　　　图 3-296　设置图片尺寸的效果

Step 28　在"素材 02.png"图片上右击,在弹出的快捷菜单中选择【自动换行】|【衬于文字下方】命令,如图 3-297 所示。

Step 29　调整"素材 02.png"图片的位置,如图 3-298 所示。

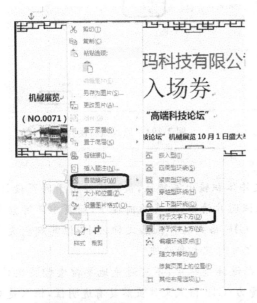

图 3-297　选择【衬于文字下方】命令　　　　　图 3-298　调整位置

Step 30　选择"素材 02.png"图片,按 Ctrl+C 组合键进行复制,按 Ctrl+V 组合键进行粘贴,并调整其大小和位置,如图 3-299 所示。

选择素材图片后按 Ctrl+D 组合键同样可复制图片。

Step 31　在功能区选择【插入】选项卡,在【插图】组中单击【形状】按钮,在弹出的下拉列表中选择【矩形】选项,如图 3-300 所示。这时光标会变为"+"样式。

项目 3　Word 2013 的应用

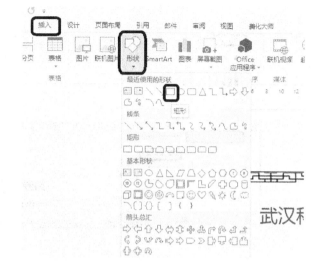

图 3-299　复制后调整位置和大小

图 3-300　选择【矩形】选项

Step 32　在背景图片上绘制一个矩形，如图 3-301 所示。

Step 33　在功能区选择【绘图工具】下的【格式】选项卡，在【形状样式】组中将【形状填充】设置为"无填充颜色"，将【形状轮廓】设置为"黑色，文字 1"，如图 3-302 所示。

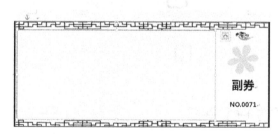

图 3-301　绘制矩形

图 3-302　设置矩形

Step 34　选择【绘图工具】下的【格式】选项卡，在【形状样式】组中单击【形状轮廓】按钮，在弹出的下拉列表中选择【虚线】|【短划线】选项，如图 3-303 所示。

Step 35　执行该操作后即可完成对矩形轮廓的设置，效果如图 3-304 所示。

Step 36　使用同样的方法在该矩形右侧制作一个小矩形，效果如图 3-305 所示。

Step 37　在功能区选择【插入】选项卡，在【插图】组中单击【形状】按钮，在弹出的下拉列表中选择【直线】选项，如图 3-306 所示。

Step 38　在背景图上绘制一条直线，在功能区选择【绘图工具】下的【格式】选项卡，在【形状样式】组中单击【形状轮廓】按钮，在弹出的下拉列表中选择【黑色，背景 1】选项，再次单击【形状轮廓】按钮，在弹出的下拉列表中选择【虚线】|【短划线】选项，完成后的效果如图 3-307 所示。

Step 39　制作入场券的背面。选择入场券正面的一部分进行复制、粘贴，并调整其位置，效果如图 3-308 所示。

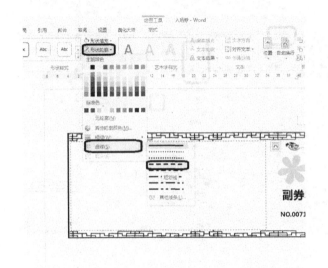

图 3-303 设置矩形轮廓

图 3-304 设置矩形轮廓后的效果

图 3-305 制作完成后的小矩形

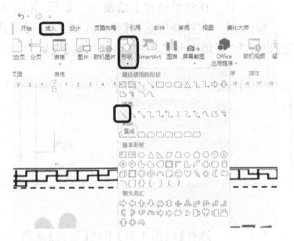

图 3-306 选择【直线】选项

图 3-307 绘制虚线

图 3-308 复制素材、边框、直线并调整位置

Step 40 根据上面的操作步骤,在入场券的背面输入其他文字,效果如图 3-309 所示。

Step 41 按 Shift 键选择右侧全部的文本框,然后按 Ctrl+B 组合键将文字加粗,如图 3-310 所示,对完成后的效果进行保存。

图 3-309 输入其他文字

图 3-310 将所选文字加粗

操作三 活动传单

【学习目标】

（1）学习活动传单的制作。

（2）掌握模板的创建和编辑。

【操作概述】

本操作将讲解活动传单的制作。活动传单的制作是在模板的基础上进行操作的,具体操作方法如下。完成后的效果如图 3-311 所示。

图 3-311 活动传单

【操作步骤】

Step 01　启动 Word 2013，将会弹出一个界面，在该界面右侧的文本框中输入要搜索的模板名称，如图 3-312 所示。

Step 02　单击【开始搜索】按钮，在弹出的搜索结果中选择【季节性传单-秋季】选项，如图 3-313 所示。

图 3-312　输入搜索内容　　　　　　　　图 3-313　选择模板

Step 03　单击该模板，在弹出的界面中单击【创建】按钮，如图 3-314 所示。

Step 04　执行该操作后，即可使用该模板。创建后的效果如图 3-315 所示。

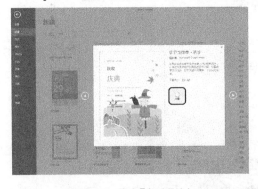

图 3-314　单击【创建】按钮　　　　　　　图 3-315　模板效果

Step 05　在文档中选择背景图片，在功能区选择【图片工具】下的【格式】选项卡，在【大小】组中单击【高级版式：大小】按钮，在弹出的对话框中取消选中【锁定纵横比】复选框，将【高度】组中的【绝对值】设置为"22.54 厘米"，如图 3-316 所示。

Step 06　设置完成后，单击【确定】按钮，在其他空白处单击鼠标，在功能区选择【页面布局】选项卡。在【页面设置】组中单击【纸张大小】按钮，在弹出的下拉列表中选择【其他页面大小】选项，如图 3-317 所示。

Step 07　在弹出的【页面设置】对话框中将【高度】设置为"25.09 厘米"，如图 3-318 所示。

Step 08　单击【确定】按钮，在文档中选择文字"敬请参加第 10 届年度"，将其更改为"2015 年机械高端科技论坛"，如图 3-319 所示。

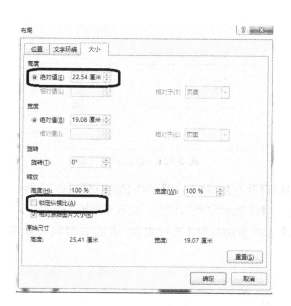
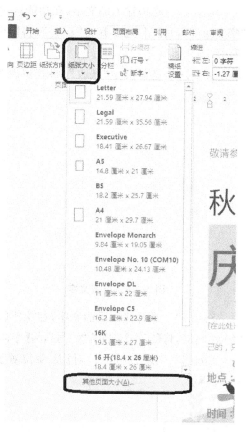

图 3-316 设置图片大小　　　　图 3-317 选择【其他页面大小】命令

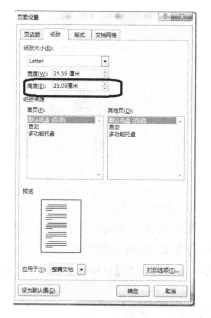

图 3-318 设置高度　　　　图 3-319 输入文字

Step 09　选中输入的文字,在功能区选择【开始】选项卡,在【字体】组中将【字体】设置为"华文隶书",将【字号】设置为"小一",将【字体颜色】设置为"紫色",设置后的效果如图 3-320 所示。

Step 10　选择文字"秋收",将其更改为"诚邀",如图 3-321 所示。

图 3-320　设置文字　　　　　　　　　图 3-321　修改后的效果

Step 11　选择修改后的文字,在功能区选择【开始】选项卡,在【字体】组中将【字体】设置为"华文楷体",将【字号】设置为"一号",将【字体颜色】设置为"红色",设置后的效果如图 3-322 所示。

Step 12　设置完成后,对【活动位置】、【选择活动日期】进行更改,更改后的效果如图 3-323所示。

图 3-322　设置字体颜色　　　　　　　图 3-323　修改效果

Step 13　在文档中选择图 3-324 所示的文本,按 Delete 键将其删除。

Step 14　在文档中将文本"[在此处添加关于活动的简要描述。要将任何占位符文本替换为您自己的,只需单击即可以开始键入。]"替换为自己的文本,如图 3-325 所示。

Step 15　选中输入的文字,在功能区选择【开始】选项卡,在【字体】组中将【字体颜色】设置为"深蓝",如图 3-326 所示。

Step 16　使用同样的方法再输入其他文字,效果如图 3-327 所示。

图 3-324　选择要删除的文本

图 3-325　修改文本

图 3-326　设置字体颜色

图 3-327　输入其他文字

Step 17　选择所输入的文字,在功能区选择【开始】选项卡,在【字体】组中将字号设置为"小四",如图 3-328 所示。

Step 18　继续选中该文字,在【段落】组中单击【项目符号】右侧的下三角按钮,在弹出的下拉列表中选择【定义新项目符号】选项,如图 3-329 所示。

图 3-328　设置文字大小

图 3-329　选择【定义新项目符号】选项

【知识链接】

　　Word 2013 可以在输入文本时自动创建项目符号,可在文档中输入一个星号(＊)或者一个或两个连字符(—),后跟一个空格或制表符,然后输入文字。当按 Enter 键结束该段时，Word自动将该段转换为项目符号列表（如星号会自动转换成黑色的圆点），同时在新的一段中也会自动添加该项目符号。

要结束列表时，按Enter键开始一个新段，然后按Backspace键即可删除为该段添加的项目符号。

Step 19　在弹出的对话框中单击【符号】按钮，如图3-330所示。

Step 20　在弹出的对话框中将【字体】设置为普通文本，在该对话框中选择一种符号，如图3-331所示。

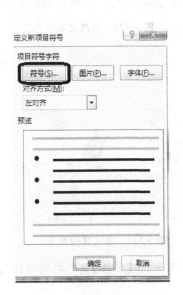 

图3-330　单击【符号】按钮　　　　　　　　图3-331　选择一种符号

Step 21　单击【确定】按钮，再在【定义新项目符号】对话框中单击【确定】按钮，即可插入该符号，效果如图3-332所示。

Step 22　在文档中选择文字"庆典"，将其改为"阁下"，如图3-333所示。设置完成后，对完成后的效果进行保存即可。

图3-332　添加符号后的效果　　　　　　　　图3-333　修改文字

项目4　Excel 2013 的应用

Excel 2013 是 Microsoft 公司推出的电子表格软件,是 Office 2013 办公系列软件的重要组成部分。它具有强大的数据计算和分析、文档处理和图形显示等功能,同时提供统计与工程分析的工具。Excel 2013 广泛应用于管理、统计、财经、金融等众多领域。

任务 1　Excel 2013 的基本功能

操作一　启动 Excel 2013

图 4-1　启动 Excel 2013

【学习目标】

掌握启动 Excel 2013 的方法。

【操作概述】

在 Office 2013 中启动、关闭程序的方法是一样的。下面介绍如何启动 Excel 2013。

【操作步骤】

选择【开始】→【所有程序】→【Microsoft Office 2013】命令,在弹出的下拉列表中选择【Excel 2013】选项,如图 4-1 所示。

【知识链接】

除此之外,用户还可以双击桌面上的应用程序图标,或者在 Windows 资源管理器窗口中双击程序文档,可以打开相应的应用程序,并将该文件也同时打开。执行操作后,即可启动 Excel 2013。

操作二　退出 Excel 2013

【学习目标】

学习并掌握退出 Excel 2013 的方法。

【操作概述】

用户可以通过多种方法退出 Excel 2013,下面将简单介绍如何退出 Excel 2013。

【操作步骤】

在 Excel 2013 的标题栏上右击,在弹出的快捷菜单中选择【关闭】命令。如果有可能需要保存的工作簿,程序会提示用户保存工作簿,单击【保存】按钮将弹出【另存为】对话框,用户可以在对话框中指定路径、名称以及类型等;如果单击【不保存】按钮,将不会保存当前工作簿,程序将直接关闭;如果单击【取消】按钮,将不执行关闭操作。

除了上述方法外,还可以按 Alt+F4 组合键关闭程序;或单击标题栏右端的【关闭】按钮;或单击 Office 按钮,在弹出的下拉菜单中选择【关闭】命令。

操作三 Excel 2013 的操作界面

【学习目标】

熟悉 Excel 2013 的操作界面。

【操作步骤】

Excel 2013 操作界面如图 4-2 所示。

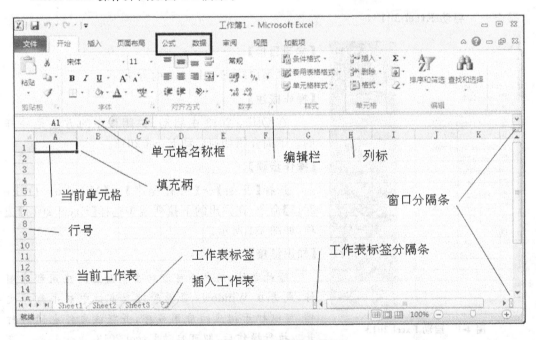

图 4-2 Excel 2013 操作界面

1. 工作簿

一个 Excel 2013 文件被称为一个工作簿,工作簿文件的默认扩展名为".xlsx"。如输入数据、编辑排版、生成统计图形等所有的操作都是在工作簿窗口中进行的。

2. 编辑栏

编辑栏的左侧是单元格的名称框,可以用来定义和显示单元格区域的名字,或者根据名字查找单元格或单元区域。如果没有定义名字,则会在名称框中显示活动单元格的地址。

编辑栏的右侧是编辑区,可以用于显示或修改单元格所存储的内容。由于单元格的默认宽度不大(八个字符),当单元格内容较多时,在编辑栏的编辑区中进行编辑要比直接在单元格中进行编辑方便得多。

3. 工作表

在一个工作簿中,可以包含若干张工作表。在 Excel 2013 中,一个工作簿中最多可以有 255 张工作表。工作表的名称显示在工作表标签上。每张工作表都有一个名字,并且同一工作簿中的工作表不能同名。工作表的默认名字为 Sheet1、Sheet2、Sheet3 等,"Sheet"是页的意思,可以根据需要对工作表重命名。按 Ctrl+PageUp 组合键或按 Ctrl+PageDown 组合键可以实现在同一工作簿中从一张工作表切换到另一张工作表。

4. 行和列

每一张工作表由 256 列和 65535 行组成,列标用英文字母表示,行号用数字表示,分别显示在对应的列标签和行标签。

5. 单元格、活动单元格

行和列相交形成的单元格,是存储数据的基本单位。被"黑框"框住的单元格是活动单元格,即当前单元格,可以对其进行数据输入、修改等操作。

6. 单元格地址

每一个单元格的地址由它所在列的列号和所在行的行号构成。例如在列 A 和行 1 交叉处的单元格的地址是 A1。

操作四　工作表的基本操作

【学习目标】

掌握工作表的基本操作。

【操作概述】

工作表的基本操作包括选中、切换、新建、移动、复制、重命名、删除工作表等。

【操作步骤】

在新建的工作簿中,默认会自动建立一个工作表,并以"Sheet1"命名。

1. 选中工作表

在对工作表做移动、复制、删除等操作之前,需要选中工作表,在 Excel 2013 中可以按以下方法选中工作表。

- 单击某个工作表标签可选中单张工作表。
- 先单击第一张工作表的标签,然后按住 Shift 键再单击最后一张工作表的标签,可选中两张及其以上相邻的工作表。
- 先单击第一张工作表的标签,然后按住 Ctrl 键再单击其他工作表的标签,可选中两张及其以上不相邻的工作表标签。

• 右键单击工作表标签,在弹出的快捷菜单中单击【选定全部工作表】命令,可选中工作簿中所有的工作表。

• 选中多张工作表后,按住 Ctrl 键单击已选中的工作表标签,可取消对该工作表的选中。

• 选中的工作表标签将呈白色。选中多张工作表后,对当前工作表的操作会同样作用到其他被选中的工作表中。

2. 切换工作表

一个工作簿中一般包含多个工作表,但在一个工作簿窗口中只能显示一个工作表。在工作簿窗口的底部有一排工作表标签,每一个工作表都对应着一个工作表标签,标签上是该工作表的名称。单击某个工作表标签即可切换到该标签所对应的工作表。

如果工作簿中包含的工作表数目较多,则可以单击位于标签区域左侧的滚动按钮以显示出需要的工作表标签。

3. 新建、移动和复制工作表

1) 新建工作表

当需要新建工作表时,可以单击工作表标签栏后面的【新工作表】按钮,也可以按 Shift+F11 组合键。

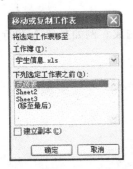

图 4-3 移动或复制工作表对话框

2) 移动工作表

选择需移动的工作表对应的工作表标签,并在其工作表标签上按住鼠标左键不放,此时鼠标指针变为形状并出现一个图标,拖动鼠标至目标工作表标签区域后释放鼠标。或者在需移动的工作表上单击鼠标右键,在弹出的快捷菜单中选择【移动或复制】命令,在弹出的【移动或复制工作表】对话框(见图 4-3)中选择将移动或复制的工作表插入到目标工作簿的哪个工作表之前。

3) 复制工作表

在同一工作簿中复制工作表时,鼠标选定一个工作表,按下 Ctrl 键的同时移动选定的工作表到目标位置即进行了工作表复制。

在不同的工作簿间复制时,需选定工作表,单击鼠标右键,在弹出的快捷菜单中选择【移动或复制】命令,在弹出的【移动或复制工作表】对话框中选中【建立副本】复选项。

4. 重命名工作表

给工作表命名,对以后查找和使用会带来很大的方便。在要重命名的工作表的标签上双击,使其变成黑底的,输入新的名称。选择需要重命名的工作表对应的工作表标签,在其上单击鼠标右键,在弹出的快捷菜单中选择【重命名】命令。

5. 删除工作表

选择需要删除的工作表对应的工作表标签,在其上单击鼠标右键,在弹出的快捷菜单中选择【删除】命令即可将选中工作表删除。

操作五　单元格的基本操作

【学习目标】

熟悉单元格的基本操作。

【操作概述】

单元格的基本操作包括选中单元格、编辑单元格数据、插入单元格、移动单元格、合并与拆分单元格、清除和删除单元格、调整单元格的行高和列宽等。

【操作步骤】

1. 选中单元格

Excel 2013 中的许多命令要求用户选定一个单元格或单元格区域。选定一个单元格就是把鼠标指针移动到需要对其操作的单元格并单击,使其成为活动单元格。此处主要介绍选取多个单元格的方法。

1)选择相邻的单元格

选择相邻的一个区域时,可用鼠标单击区域左上角的单元格,按住鼠标不放向区域右下角方向拖动,到达恰当位置后松开鼠标,则选定了一个单元格区域。选定的单元格区域呈反色显示,其中第一个单元格(即活动单元格)按正常色显示。

在 Excel 中,表示一个区域可以以该区域左上角的单元格地址开始,后跟一个冒号":",然后以该区域右下角的单元格地址结束。

单击区域的第一个单元格,按住 Shift 键,再单击区域的最后一个单元格,可选择一个矩形区域,如单击单元格 A1,按住 Shift 键不放,单击单元格 D5,即可选定 A1:D5 区域。

选择整行时,单击工作表的行号即可选定整行。

选择整列时,单击工作表的列标即可选定整列。

选定整个工作表时,单击工作表行号与列标交叉处。

选定相邻行(或列)时,单击并拖动要选定的行号(或列标)。

2)选择不相邻的单元格

选定不相邻的多个矩形区域时,单击要选定区域的第一个单元格,按住 Ctrl 键,继续选定其他区域。

选择不相邻的行(或列)时,单击行号(或列标),然后按住 Ctrl 键,再单击其他要选定的行号(或列标)。

2. 编辑单元格数据

在单元格中输入了数据之后,还可以对其中的数据进行编辑修改。在编辑单元格数据时,我们可以采取以下几种不同的方式。

- 双击需编辑的单元格,将光标定位到其中,然后对其中的数据进行编辑修改。
- 选中需编辑的单元格,并按 F2 键将光标定位到其中,对其中的数据进行编辑修改。
- 选中需编辑的单元格,并单击编辑栏将光标定位到编辑栏中,然后在编辑栏中对单元格数据进行编辑修改。
- 选中需编辑的单元格,直接输入新的数据以覆盖原有数据。

在编辑单元格时,可以使用鼠标或光标移动键重新定位插入点,用 Delete 键或 Back space 键分别删除插入点右边或左边的字符。完成编辑后,可按 Enter 键确认修改,按 Esc 键取消修改。

3．插入单元格

单击要插入处的单元格,使其变成活动单元格,然后单击右键,在弹出的快捷菜单中选择【插入】命令,弹出【插入】对话框(见图 4-4),选择相应的选项即可。或者将鼠标指针定位到需插入单元格的位置,在【开始】→【单元格】组中单击【插入】按钮下方的下拉按钮,在打开的下拉列表中选择【插入单元格】命令,打开【插入】对话框,在其中选择相应的选项即可。

图 4-4　插入单元格对话框

【活动单元格右移】　在活动单元格位置插入单元格,活动单元格向右移动。

【活动单元格下移】　在活动单元格位置插入单元格,活动单元格向下移动。

【整行】　在活动单元格的位置插入与所选单元格区域行数相同的行,原区域所在行自动下移。

【整列】　在活动单元格的位置插入与所选单元格区域列数相同的列,原区域所在列自动右移。

4．移动单元格

选定要移动的单元格,鼠标指向选定的单元格的边框,将鼠标移动到所选定的单元格或单元格区域的边缘,当光标变成十字箭头状时,按住鼠标左键到目标位置松开鼠标即可。或者选择要移动的单元格,在【开始】→【剪贴板】组中单击【剪切】按钮,此时所选单元格四周将出现一个虚线框,然后选择目标单元格,在【开始】→【剪贴板】组中单击【粘贴】按钮。

5．合并与拆分单元格

合并单元格:选择需合并的单元格区域,在【开始】→【对齐方式】组中单击　【合并后居中】按钮右侧的下拉按钮,在打开的下拉列表中选择【合并后居中】命令。

拆分单元格:单击　【合并后居中】按钮,或单击该按钮右侧的下拉按钮,在打开的下拉列表中选择【取消单元格合并】命令。

6．清除和删除单元格

清除类似于一般意义上的删除,但在 Excel 2013 中,清除和删除是两个不同的概念。

清除单元格:选择需清除的单元格,然后单击鼠标右键,在弹出的快捷菜单中选择【清除内容】命令。

删除单元格：选择需删除的单元格，在【开始】→【单元格】组中单击【删除】按钮下侧的下拉按钮，在打开的下拉列表中选择【删除单元格】命令。

7. 调整单元格的行高和列宽

在 Excel 2013 中可以通过鼠标拖动的方法或使用菜单命令的方法改变单元格的行高和列宽。

1）使用鼠标调整行高和列宽

使用鼠标可以非常方便、直观地改变单元格的行高和列宽，操作方法有以下几种。

• 将鼠标指向列标的右边界，然后按下鼠标并拖动可以移动列线并改变列宽。

• 将鼠标指向行号的下边界，然后按下鼠标并拖动可以移动行线并改变行高。

• 选中多列后，拖动其中某一列的右边界可以改变所有选中列的列宽，同时使所有选中列的列宽相等。

• 选中多行后，拖动其中某一行的下边界可以改变所有选中行的行高，同时使所有选中行的行高相等。

• 双击列号的右边界可以将列宽调整至与本列中最宽的单元格内容相符合。

• 双击行号的下边界可以将行高调整至与本行中最高的单元格内容相符合。

2）使用菜单命令调整行高和列宽

相对于鼠标方式，使用菜单命令可以更加准确地设置工作表的行高和列宽。具体的操作方法有以下几种。

选中需设置行高的行或列宽的列，单击【开始】菜单中【单元格】组中的【格式】按钮，在弹出的下拉列表中选择【行高】或【列宽】命令，或者在选中的行或列上单击鼠标右键，在弹出的快捷菜单中选择【行高】或【列宽】命令，打开【行高】或【列宽】对话框，在其中可以准确地设置选中行或列的数值（见图 4-5）。

图 4-5　改变行高或列宽

单击【格式】按钮，在弹出的下拉列表中选择【自动调整行高】或【自动调整列宽】命令，可将活动单元格所在行的行高或所在列的列宽设置为与活动单元格内容相符合的高度或宽度。

任务 2　单元格数据的输入与设置

操作一　数据输入

Excel 2013 能够接收的数据类型有字符型数据、日期和时间型数据、数值型数据等。当

Excel 2013 接收到数据时，会自动判断数据类型并进行处理。输入数据时，必须先激活相应的单元格。

【学习目标】

掌握数据的输入方法。

【操作概述】

输入各种类型的数据。

【操作步骤】

1. 输入字符型数据

字符型数据包括汉字、英文字母、数字、空格及其他可以用键盘输入的符号。默认情况下，文字的对齐方式是在单元格内靠左对齐，单元格宽度是 8 个字符。

当输入的文本长度大于单元格宽度时，文本将溢出到右边单元格中，但实际上仍然在本单元格中。当在其右边的单元格中输入数据时，本单元格中的文字就会以默认的宽度显示。单元格中数据虽然没有完全显示出来，但还是被完整无缺地保存在其中。

对于全部由数字组成的字符串，输入时可按以下两种方法操作。

(1) 输入"="，用英文引号将数字括起来，如在单元格 A1 中输入文本 0101 时，则应输入【="0101"】，如图 4-6 所示。

图 4-6 字符串输入(1)

(2) 在输入数据之前添加英文撇号【'】，如在单元格 A1 中输入文本时，应在输入框中输入【'0】，如图 4-7 所示。

图 4-7 字符串输入(2)

2. 输入数值型数据

在 Excel 2013 中，新建工作表的所有单元格都采用默认的通用数字格式。通用格式一般采用整数或小数格式，当数字长度超过单元格宽度时，Excel 自动使用科学计数法表示输入的数字。例如，输入 1000000000 时，系统会自动显示出"1E+09"，如图 4-8 所示。

在活动单元格中输入一个数字后，按 Enter 键表示确认输入的数据，此时单元格指针自动移到下一个单元格。

如果要输入一个分数，应在分数前加 0 和空格，如"0 1/2"，这样输入可以避免与日期格式相混淆，如图 4-9 所示。

如果输入的数字前面有货币符号或其后有百分号，系统会自动改变单元格格式，从通用格式分别改变为货币格式或百分比格式。输入时，单元格中的数字靠右对齐。

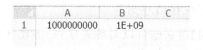

图 4-8　数字长度超过单元格宽度　　　　　图 4-9　分数输入

3. 输入日期和时间型数据

Excel 2013 中规定了日期和时间的严格输入格式,并将日期和时间视为特殊类型的数字。如果输入的数据 Excel 能够自动识别出是日期和时间,则单元格的格式将由"常规"数值格式变换为内部的日期或时间格式,否则将当前输入的数据作为文本处理。

在【控制面板】的【时钟、语言和区域】中选定的选项将决定当前日期和时间的默认格式,以及默认的日期和时间符号。在【区域和语言】对话框中,通过【格式】选项卡可设置时间和日期的默认显示格式。

输入日期时,用斜线或减号分隔年、月、日,如可以输入"16/06/08"或"16－06－08"。若想在活动单元格中输入当前日期,可以按【Ctrl＋;】组合键。

输入时间时,用冒号分隔时和分,如"15:25"。Excel 2013 一般把输入的时间用 24 小时制表示。如果按 12 小时制输入时间,应在时间数字后留一个空格,并键入字母 A 或 P(或 AM、PM),分别表示上午或下午。如果只输入时间数字而不加 A 或 P,Excel 2013 则将按 AM(上午)处理,如"9:00"表示上午 9 时,"3:00P"表示下午 3 时。如果要输入系统的当前时间,则按【Ctrl＋Shift＋;】组合键。

操作二　填充表格数据

在表格中,准确地输入一些相同或有规律的数据,可以用 Excel 的快速填充数据功能。

1. 填充相同的数据

通过拖动鼠标的操作,可以快捷地填充相同的数据,选中编写数字的单元格,在黑框的右下角有个黑点,Excel 称其为填充柄。将鼠标指针指向填充柄,鼠标指针会变成一个实心的十字形,拖动鼠标直到要填充的单元格并释放(见图 4-10 和图 4-11)。

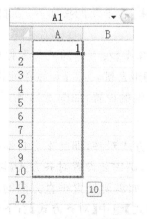
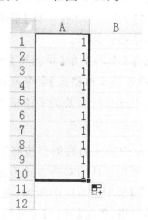

4-10　相同数据填充前　　　　　图 4-11　相同数据填充后

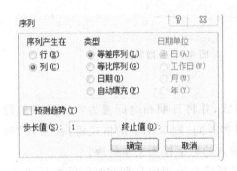

图 4-12 【序列】对话框

2．填充有规律的序列

通过【序列】对话框可以对等差序列、等比序列和日期等有规律的数据进行快速填充。

选择起始单元格和目标单元格之间的单元格区域，单击【开始】→【编辑】组中的【填充】按钮，在打开的下拉列表中选择【序列】命令。在打开的【序列】对话框中的【序列产生在】栏中设置填充数据的行或列，在【类型】栏中设置填充数据的类型，在【步长值】文本框中设置序列直接的差值，在【终止值】文本框中设置填充序列的数量，完成后单击【确定】按钮(见图 4-12)。

操作三　设置单元格格式

在表格中输入并编辑数据后，为了使表格更直观，可通过【设置单元格格式】对话框对表格中的数据进行设置。

1．设置数字格式

单元格的数字格式主要包括货币、日期、时间、百分比和分数等类型，用户可根据需要设置所需要的数字格式，其设置方法有两种。

(1) 单击【开始】工具栏上的【数字】组中右下角的按钮　，在弹出的对话框中选择所需要的数字格式。

(2) 在【开始】工具栏上的【单元格】组中单击【格式】右下侧的三角形按钮，在弹出的下拉列表中选择【设置单元格格式】命令或按【Ctrl+1】组合键，打开【设置单元格格式】对话框，在【数字】选项卡中选择所需要的数字格式并进行详细的设置，如图 4-13 所示。

2．设置单元格字体格式

设置单元格字体格式主要有以下两种方法。

(1) 在【开始】工具栏上的【字体】组中单击【字体】右下角的按钮　，在打开的对话框中选择所需要的字体格式选项。

(2) 在【开始】工具栏上的【单元格】组中单击【格式】右下侧的三角形按钮，在弹出的下拉列表中选择【设置单元格格式】命令或按【Ctrl+1】组合键，打开【设置单元格格式】对话框，在【字体】选项卡中选择所需要的字体格式并进行详细的设置，如图 4-14 所示。

3．设置单元格对齐方式

用户在 Excel 中输入的数据都按照默认的对齐方式对齐，即文本会自动靠左对齐，数字自动靠右对齐。如果默认的对齐方式不能满足需要，则需要设置对齐方式，可选择【开始】工具栏上【对齐方式】组中相对应的图标(见图 4-15)。如需要设置垂直方向的对齐方式，则需要选择相应的单元格，单击【开始】工具栏上【对齐方式】组中【对齐方式】右下角的按钮　，在打开的【设置单元格格式】对话框的【对齐】选项卡中选择所需要的对齐方式(见图 4-16)。

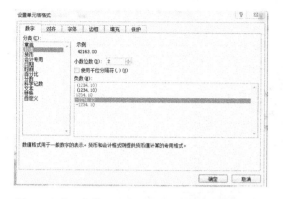
图 4-13 【设置单元格格式】对话框(【数字】选项卡)

图 4-14 【设置单元格格式】对话框(【字体】选项卡)

图 4-15 【对齐方式】组

图 4-16 【设置单元格格式】对话框(【对齐】选项卡)

4．设置单元格的边框与底纹

编辑窗口中的网格是用来分割单元格的,并不表示打印时有表格线,如需要加上边框,可进行相应操作即可。方法如下:选择需要加边框的单元格区域,如 A1:D7,在【开始】工具栏上的【字体】组中,单击 按钮右边的三角形按钮,在弹出的下拉列表中选择【其他边框】命令,在打开的【设置单元格格式】对话框中进行所需要的设置,如图 4-17 所示。

5．自动套用格式

Excel 准备了一些报表格式方案,经过简单的操作,就能将这些格式用于所制作的报表或所选择的单元格区域。使用自动套用格式的方法是:选择要套用格式的单元格区域,选择【开始】工具栏上的【样式】组中的【套用表格格式】,在弹出的下拉菜单中选择合适的样式。

6．插入批注

当某些单元格需要特殊说明,但书写空间有限的时候,可以通过插入批注对单元格内容做进一步说明。插入批注的方法是:选中需要插入批注的单元格,右键单击,在弹出的快捷菜单中选择【插入批注】命令(见图 4-18)。

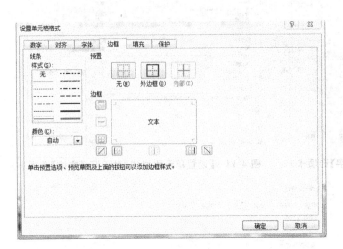
图 4-17 【设置单元格格式】对话框(【边框】选项卡)

图 4-18 选择【插入批注】命令

任务 3 公式和函数的使用

在 Excel 2013 中,可以在单元格中输入公式或使用 Excel 2013 中的函数来完成对工作表的计算。公式与函数的结构,如图 4-19 所示。

	公式	函数
书写格式	=A1+A3*6	=SUM(A1:A7)
结构	由=、运算符和参数、单元格地址构成	由=、函数名、()和单元格地址构成
参数范围	数量数值、单元格、引用的单元格区域、名称或工作表函数	数量数值、单元格、引用的单元格区域、名称或工作表函数

图 4-19 公式与函数结构图

操作一 输入公式

输入公式的操作类似于输入文字,不同的是,公式总是以等号"="开头,其后是公式表达式。在一个公式中,可以包含各种算术运算符、常量、变量、单元格地址等。

1. 常规方法

通常情况下,我们可以按以下操作步骤输入公式。

选中需输入公式的单元格,键入公式的标记"=",继续键入公式的具体内容,完毕后按 Enter 键确认。

如在 H2 单元格中输入"＝80＋20＋600＋50"(见图 4-20)或"＝D2＋E2＋F2＋G2"(见图 4-21),确认后,H2 单元格中的数据即为公式的计算结果,而编辑栏中则显示公式本身,如图 4-22 所示。

序号	姓名	班级	通讯费	交通费	餐饮费	其他	合计
1	叶书贤	机电1403	80	20	600	50	=80+20+600+50
2	赵奇	机电1406	50	30	700	50	
3	李勇	机电1409	70	35	650	100	
4	卢柏平	机电1405	100	20	600	100	
5	文全	机电1415	90	20	800	50	
6	张祖华	机电1412	85	30	700	100	
7	陈章	机电1414	76	30	750	100	

图 4-20　公式输入法

序号	姓名	班级	通讯费	交通费	餐饮费	其他	合计
1	叶书贤	机电1403	80	20	600	50	=D2+E2+F2+G2
2	赵奇	机电1406	50	30	700	50	
3	李勇	机电1409	70	35	650	100	
4	卢柏平	机电1405	100	20	600	100	
5	文全	机电1415	90	20	800	50	
6	张祖华	机电1412	85	30	700	100	
7	陈章	机电1414	76	30	750	100	

图 4-21　单元格地址输入法

序号	姓名	班级	通讯费	交通费	餐饮费	其他	合计
1	叶书贤	机电1403	80	20	600	50	750
2	赵奇	机电1406	50	30	700	50	
3	李勇	机电1409	70	35	650	100	
4	卢柏平	机电1405	100	20	600	100	
5	文全	机电1415	90	20	800	50	
6	张祖华	机电1412	85	30	700	100	
7	陈章	机电1414	76	30	750	100	

图 4-22　显示输入公式的结果

操作二　单元格引用

在公式中使用单元格地址,就形成了引用,它的作用在于指明公式中使用数据的位置。通过引用,统计和分析将更方便和快捷。引用分为相对引用和绝对引用两种。

1. 单元格区域

在进行数值计算时可能涉及一组单元格,为表述方便可将其称为单元格区域,并用类似于【A1:D5】的形式表示。A1 是单元格区域的左上角单元格地址,D5 是单元格区域的右下角单元格地址,如图 4-23 所示。

如果要表示一个不规则的单元格区域,就需要使用前面介绍过的引用操作符",",例如我们可以使用【B2:B3,D5】来表示 B2、B3、D5 三个单元格(见图 4-24)。

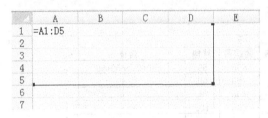
图 4-23 【A1:D5】单元格地址

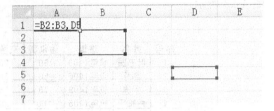
图 4-24 【B2:B3,D5】单元格地址

2. 引用操作

了解了有关单元格地址的规则之后,我们就可以在公式中对单元格进行引用了。在编辑公式时可以按以下两种操作方法引用单元格。

直接在公式中键入引用的单元格或单元格区域的地址,或用鼠标在工作表中选中需引用的单元格或单元格区域,选中区域四周出现虚线边框,同时将选中区域的地址插入到公式的光标位置。

如图 4-25 所示,假设我们要利用公式对 D2:G2 单元格区域中的所有单元格进行求和,并将结果存放在单元格 H2 中,可以按如下步骤进行操作。

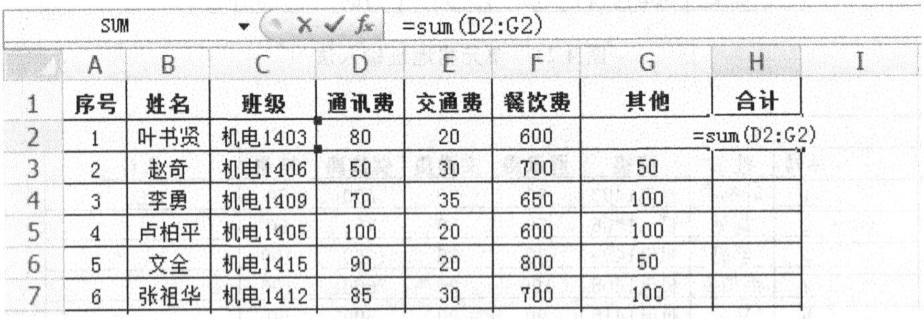

	A	B	C	D	E	F	G	H	I
1	序号	姓名	班级	通讯费	交通费	餐饮费	其他	合计	
2	1	叶书贤	机电1403	80	20	600		=sum(D2:G2)	
3	2	赵奇	机电1406	50	30	700	50		
4	3	李勇	机电1409	70	35	650	100		
5	4	卢柏平	机电1405	100	20	600	100		
6	5	文全	机电1415	90	20	800	50		
7	6	张祖华	机电1412	85	30	700	100		

图 4-25 【D2:G2】求和

在工作表中选中 H2 单元格;依次输入字符【=sum(】(sum 为求和函数);在工作表中拖动鼠标选中需要引用的单元格区域(选中区域被一个虚线框围绕),选中区域的地址自动插入到公式中的光标所在位置;输入字符【)】,然后按 Enter 键。

在使用鼠标选择需引用的单元格之前,需注意必须先将光标定位在公式中需插入单元格引用的位置。

3. 相对引用

在公式中引用单元格时,根据不同的需要,我们可以选择对单元格进行绝对引用或相对引用。

相对引用是我们使用得较多的引用方式,默认情况下,公式都使用相对引用,例如,A1、B4:F7 的引用即是相对引用。在相对引用中,被引用单元格的位置与公式单元格的位置相关,当公式单元格的位置改变时,其引用的单元格的位置也会发生相应的变化。

例如,在单元格 A1 中输入公式"＝B2",通常认为在公式中引用了位于 B 列第二行的单元格,但实际上准确一点的说法应该是——在公式中引用了位于公式单元格右边一列、下边一行的单元格,也就是说,公式中的单元格引用"B2"并不是表示"B 列第二行"这样一个绝对的位置,而是表示其相对于公式单元格 A1 的位置。

相对引用的好处是当移动、复制或自动填充公式单元格时,可以保持公式单元格和引用单元格的相对位置不变。

如图 4-26 所示,我们在单元格 E2 中输入了公式"＝C1"后,计算结果为 3,现在将该公式单元格复制到右边的单元格 E4 和下边的单元格 F3 中,计算结果分别为 11 和 8,查看其中的公式内容,发现 E4 中的公式为"＝C3",F3 中的公式为"＝D2",均对应着其左边两列、上边一行的单元格数据。可以看到,在相对引用中,当公式单元格向某个方向偏移时,它所引用的单元格同样会向该方向偏移。

4. 绝对引用

与相对引用相反,绝对引用的单元格位置不会随公式单元格位置的改变而改变。

绝对引用的形式是在单元格的行列号前加上美元符号＄,如＄B＄3 表示对单元格 B3 进行绝对引用,＄B＄3:＄D＄6 表示对单元格区域 B3:D6 进行绝对引用。

如图 4-27 所示,我们在单元格 E2 中输入了公式"＝＄B＄3"后,计算结果为 10,现在将该公式单元格复制到右边的单元格 F3 和下边的单元格 E4 中,计算结果都是 10,查看其中的公式内容,发现 E4 和 F3 中的公式都为"＝＄B＄3"。可以看到,在绝对引用中,当公式单元格向某个方向偏移时,它所引用的单元格不会发生变化。

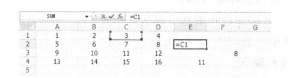

图 4-26　相对引用例子　　　　　　图 4-27　绝对引用例子

5. 自动填充公式

自动填充公式是对自动填充功能和相对引用的综合应用,将二者结合起来可以收到事半功倍的效果。下面我们结合一个实例来介绍自动填充公式的应用。

如图 4-28(a)所示,工作表中有机电 1403 费用统计表。假如我们要在"合计"栏中计算出其费用清单,可按如下操作步骤进行。

① 选中"合计"栏中的第一个单元格 H3。

② 在该单元格中键入公式"＝sum(D3:G3)"。

③ 用鼠标拖动单元格 H3 右下角的填充柄至单元格 H17。

填充后的工作表如图 4-28(b)所示。可以看到通过简单的几步操作,我们就完成了每一名学生费用的统计。

相对引用同样在这里发挥了作用，公式单元格被填充到每一个单元格时，其引用的单元格都自动做了相应的变化。如图 4-28(b)所示，H17 单元格中的公式为“=sum(D17:G17)”。

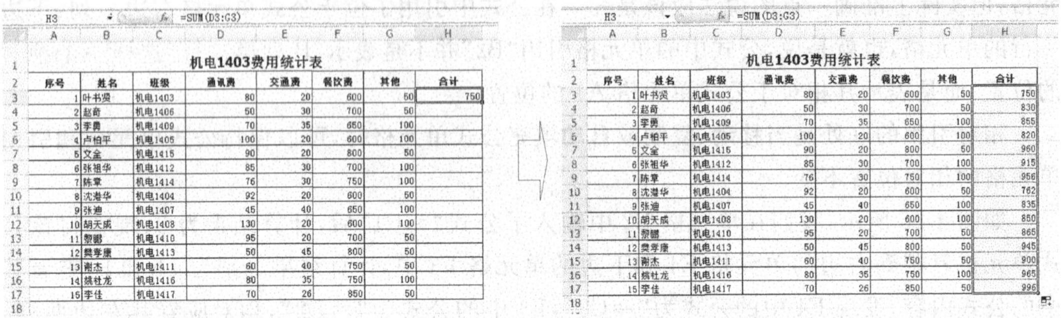

H3 =SUM(D3:G3)

机电1403费用统计表

序号	姓名	班级	通讯费	交通费	餐饮费	其他	合计
1	叶书贤	机电1403	80	20	600	50	750
2	赵奇	机电1406	50	30	700	50	
3	李勇	机电1409	70	35	650	100	
4	卢柏平	机电1405	100	20	600	100	
5	文全	机电1415	90	20	800	50	
6	张祖华	机电1412	85	30	700	100	
7	陈章	机电1414	76	30	750	100	
8	沈潜华	机电1404	92	20	600	50	
9	张迪	机电1407	45	40	650	100	
10	胡天成	机电1408	130	20	600	100	
11	黎鹏	机电1410	95	20	700	50	
12	樊孝康	机电1413	50	45	800	50	
13	谢杰	机电1411	60	40	750	50	
14	姚杜龙	机电1416	80	35	750	100	
15	李佳	机电1417	70	26	850	50	

(a)

H3 =SUM(D3:G3)

机电1403费用统计表

序号	姓名	班级	通讯费	交通费	餐饮费	其他	合计
1	叶书贤	机电1403	80	20	600	50	750
2	赵奇	机电1406	50	30	700	50	830
3	李勇	机电1409	70	35	650	100	855
4	卢柏平	机电1405	100	20	600	100	820
5	文全	机电1415	90	20	800	50	960
6	张祖华	机电1412	85	30	700	100	915
7	陈章	机电1414	76	30	750	100	956
8	沈潜华	机电1404	92	20	600	50	762
9	张迪	机电1407	45	40	650	100	835
10	胡天成	机电1408	130	20	600	100	850
11	黎鹏	机电1410	95	20	700	50	865
12	樊孝康	机电1413	50	45	800	50	945
13	谢杰	机电1411	60	40	750	50	900
14	姚杜龙	机电1416	80	35	750	100	965
15	李佳	机电1417	70	26	850	50	996

(b)

图 4-28 自动填充公式

操作三 函数的应用

Excel 2013 提供了大量预定义的函数，用来执行数字、日期和时间、财务和统计等方面的计算。只要有可能，应尽量使用函数，而不是自己编写公式。利用函数不仅能提高效率，还能节约工作表所占用的内存空间。

函数由函数名和参数组成，各参数之间用逗号隔开，例如 sum(A1,A2)。输入包含函数的公式的操作步骤如下。

① 选中需输入公式的单元格。

② 单击编辑栏上的 fx 按钮，打开公式选项板，选择插入函数。

③ 键入公式中的常量、运算符等内容，并将光标定位在需插入函数的位置。

④ 单击编辑栏函数框右边的下拉箭头，弹出函数列表，然后从列表中选择需要的函数，公式选项板上显示出该函数的参数输入框和函数简介。

⑤ 在参数输入框中输入函数的参数。

⑥ 重复步骤④、⑤可以在公式中插入多个函数。

⑦ 在编辑栏中完成公式其余内容的输入后，单击【确定】按钮完成公式创建。

在 H2 单元格中通过求和函数计算费用合计，如图 4-29 所示。

如果在步骤④中找不到需要的函数，可以单击列表中的【其他函数】选项或单击公式框左边的【插入函数】按钮，打开图 4-30 所示的【插入函数】对话框，对话框中分类别列出了 Excel 2013 中提供的所有函数，选中某个函数后，单击【确定】按钮即可将选中的函数插入到公式中。

由于 Excel 2013 提供的函数非常多，限于篇幅本书不能一一列出，有关函数的使用方法请参见帮助信息。

图 4-29 输入函数参数

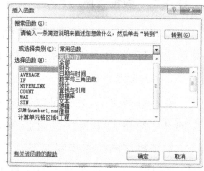
图 4-30 【插入函数】对话框

任务 4 数据库功能

在 Excel 2013 中可以将工作表中的数据清单用作数据库,并可对数据清单执行查询、排序、汇总等操作。

操作一 数据列表

在 Excel 2013 中,数据管理的单位是数据列表,数据列表是由包含相关数据的一系列行所构成的。通常将数据列表中的行称为记录,将构成行的单元格称为记录的字段,字段所在的列的标题称为字段名。建立大量的数据时,传统上都凭借垂直、水平滚动条和鼠标在单元格或工作表之间进行切换,不仅浪费时间,而且使得输入工作变得十分枯燥。利用记录单进行数据的输入、建立和编辑,就可以简化这些操作。

数据列表的规范要求如下。

(1) 每一列包含相同的数据,如工资列均为数值型数据,不可能在工资列的有些单元格中输入数字,而在另一些单元格中输入文字。

(2) 在数据列表的第一行中创建列标题,即各字段的字段名。

(3) 单元格中数据的开头或结尾不要加多余的空格。

(4) 不允许在数据列表中出现空行和空列。

(5) 没有合并的单元格。

(6) 若在一个工作表中还有其他数据,则要用空行或空列将其与数据列表隔开。

(7) 尽量避免在同一个工作表上建立多个数据列表。

操作二　数据排序

Excel 2013 提供了自动排序的功能,可以对数据按数字顺序、日期顺序、拼音顺序、笔画顺序进行排列,甚至可以按用户自定义的序列进行排列。

1. 简单排序

在一般情况下,我们可以直接使用【开始】工具栏上【编辑】组中【排序和筛选】下拉列表中的升序按钮 和降序按钮 对表格进行排序。

简单排序的操作步骤如下。

① 选中位于排序列中的任意单元格。

② 单击升序按钮 可按该列对数据清单进行升序排列,单击降序按钮 可按该列对数据清单进行降序排列。

如图 4-31 所示,在表中选中"序号"列中的任意单元格后,单击升序按钮 即可将序号按由低到高的顺序排列。

2. 复杂排序

如果对排序的要求较高,可以按以下步骤对数据清单进行复杂排序。复杂排序的操作步骤如下。

① 在需要排序的数据清单中,单击任意单元格。

② 在【数据】工具栏上的【排序和筛选】组中单击【排序】 按钮,弹出图 4-32 所示的【排序】对话框。

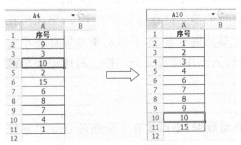

图 4-31　简单排序

图 4-32　【排序】对话框

③ 在【主要关键字】和【次要关键字】下拉列表框中,选择需要排序的列,并指定每一个关键字的排序方式(升序 或降序)。

④ 在【排序】对话框中,指定数据清单是否有标题行。

⑤ 单击【确定】按钮,即可按设定的排序方式进行排序。

按图 4-32 所示的设置对图 4-33(a)中的数据排序后,结果如图 4-33(b)所示。

从图中可以看到,系统先按"班级"列进行升序排序,对班级相同的记录,则按"合计"列升序排序。

项目 4　Excel 2013 的应用

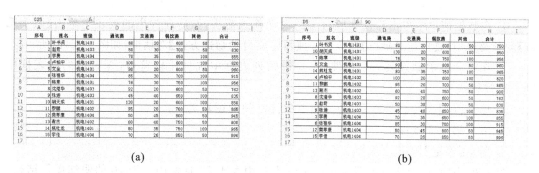

(a)　　　　　　　　　　　　　　　(b)

图 4-33　复杂排序例子

操作三　筛选数据

对于数据量较大的数据库,我们往往需要从大量的数据中按某些条件筛选出需要的数据记录。Excel 2013 提供了自动筛选和高级筛选两种筛选数据清单的方法。

1. 自动筛选定值

选中数据清单中的任意单元格后,在【数据】工具栏上的【排序和筛选】组中单击【筛选】按钮,自动筛选箭头会出现在筛选清单中字段名的右边(见图 4-34(a)),此时可以对数据清单进行各种方式的自动筛选。

进入自动筛选状态后,单击某个字段名的自动筛选箭头将显示该列中所有的单元格数值列表,在列表中选择某个数值,即可将该字段数值不等于选定值的记录行隐藏。

如图 4-34(b)所示,单击"班级"字段的下拉箭头,然后在列表中选择"机电 1401"项后,工作表中只显示"班级"字段为"机电 1401"的记录,而将其余记录全部隐藏。

筛选后,筛选字段的箭头变为 。

(a)　　　　　　　　　　　　　　　(b)

图 4-34　自动筛选定值

2. 自定义自动筛选

在自动筛选状态下还可以自定义一个或两个比较条件来筛选的数据。自定义自动筛选的操作步骤如下:

① 在数据清单中单击筛选字段右端的自动筛选箭头,然后在弹出的列表中单击【数字筛选】的子菜单中的【自定义筛选】命令,打开【自定义自动筛选方式】对话框,如图 4-35(a)所示。

② 在对话框中输入第一个条件(在左边的列表框中选择比较符号,在右边的列表框中输入比较数值)。

③ 单击【与】或【或】单选框,选择两个条件之间的逻辑关系。

④ 输入第二个条件。

⑤ 单击【确定】按钮。

图 4-35(b)所示为从通讯费清单中筛选出费用大于 50 且费用小于 70 的明细操作结果。

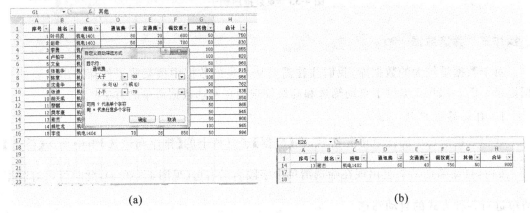

图 4-35 自定义自动筛选

3. 自动筛选最大值/最小值

在自动筛选状态下还可以方便地筛选出某个字段数值最大或最小的前几个记录。自动筛选最大值/最小值的操作步骤如下。

① 在数据清单中单击筛选字段右端的自动筛选箭头,在弹出的列表中单击"数字筛选"后面的【前 10 项】命令,打开【自动筛选前 10 个】对话框,如图 4-36(a)所示。

② 在【最大】或【最小】列表框中选择筛选最大值还是最小值。

③ 在数值框中指定筛选个数。

④ 单击【确定】按钮。

图 4-36(b)所示为筛选出"通讯费"数值最大的 4 个记录的结果。

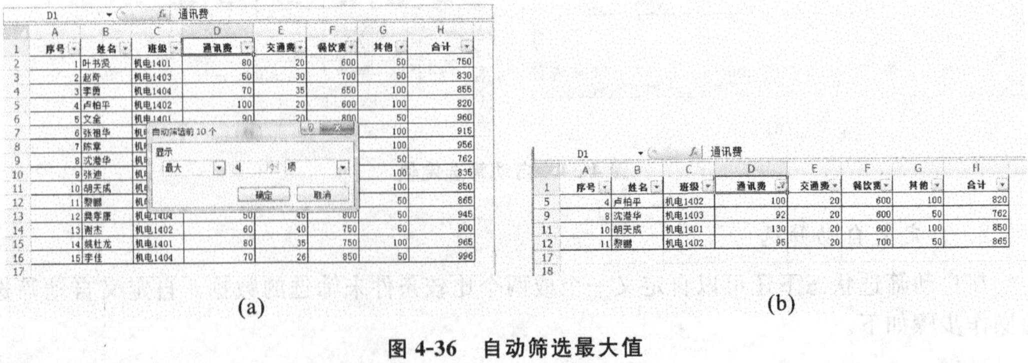

图 4-36 自动筛选最大值

对某个字段进行筛选以后,单击筛选列表中的【全部】命令可取消筛选,显示出全部记录。进入自动筛选状态后,再次单击"数据"工具栏下【排序和筛选】组中的"筛选"按钮即可退出自动筛选状态。

操作四　分类汇总

汇总是指对数据库中的某列数据做求和、求平均值等计算。例如,在月度销售报表中将每天的销售额进行求和汇总,得到全月的销售额。分类汇总是指根据数据库中的某一列数据将所有记录分类,然后对每一类记录进行分别汇总。例如,根据销售产品的不同对每种产品的销售额进行分类求和汇总。

Excel 2013 可通过计算数据清单中的分类汇总和总计值来自动汇总数据。使用自动分类汇总的数据清单必须满足以下两个条件。

① 具有列标题(字段名)。
② 数据清单必须在要进行分类汇总的列上排序。

1. 创建分类汇总

在 Excel 2013 中可以按以下操作步骤创建分类汇总。分类汇总的操作步骤如下。
① 将分类列排序。
② 选择【数据】→【分类汇总】命令,打开【分类汇总】对话框。
③ 在【分类字段】列表框中选择作为分类依据的字段。
④ 在【汇总方式】列表框中选择汇总的计算方式。
⑤ 选中需汇总的字段对应的复选框。
⑥ 如果要从头开始分类汇总并替换掉原有的汇总,选中【替换当前分类汇总】复选框;如果要在原有汇总的基础上创建多级汇总,则取消选择【替换当前分类汇总】复选框。
⑦ 单击【确定】按钮关闭对话框。

图 4-37 所示为将销售记录统计表按【商品名称】分类汇总的操作过程,例中的汇总项为【数量】和【优惠幅度(元)】,汇总结果如图 4-38 所示。

从这个例子中可以看到,在创建分类汇总的过程中,我们需在对话框中指定以下几个选项。

• 分类字段:选择根据数据清单中的哪个字段进行分类,千万要记住事先必须对这个字段进行排序。

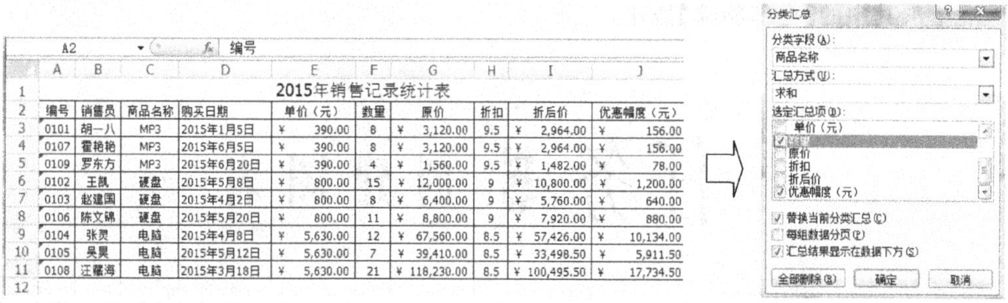

图 4-37　分类汇总操作过程

	A	B	C	D	E	F	G	H	I	J
1					2015年销售记录统计表					
2	编号	销售员	商品名称	购买日期	单价(元)	数量	原价	折扣	折后价	优惠幅度(元)
3	0101	胡一八	MP3	2015年1月5日	¥ 390.00	8	¥ 3,120.00	9.5	¥ 2,964.00	¥ 156.00
4	0107	霍艳艳	MP3	2015年6月5日	¥ 390.00	8	¥ 3,120.00	9.5	¥ 2,964.00	¥ 156.00
5	0109	罗东方	MP3	2015年6月20日	¥ 390.00	4	¥ 1,560.00	9.5	¥ 1,482.00	¥ 78.00
6			MP3 汇总			20				¥ 390.00
7	0102	王凯	硬盘	2015年5月8日	¥ 800.00	15	¥ 12,000.00	9	¥ 10,800.00	¥ 1,200.00
8	0103	赵建国	硬盘	2015年4月2日	¥ 800.00	8	¥ 6,400.00	9	¥ 5,760.00	¥ 640.00
9	0106	陈文锦	硬盘	2015年5月20日	¥ 800.00	11	¥ 8,800.00	9	¥ 7,920.00	¥ 880.00
10			硬盘 汇总			34				¥ 2,720.00
11	0104	张灵	电脑	2015年4月8日	¥ 5,630.00	12	¥ 67,560.00	8.5	¥ 57,426.00	¥ 10,134.00
12	0105	吴昊	电脑	2015年5月12日	¥ 5,630.00	7	¥ 39,410.00	8.5	¥ 33,498.50	¥ 5,911.50
13	0108	汪藏海	电脑	2015年3月18日	¥ 5,630.00	21	¥ 118,230.00	8.5	¥ 100,495.50	¥ 17,734.50
14			电脑 汇总			40				¥ 33,780.00
15			总计			94				¥ 36,890.00
16										

图 4-38 汇总结果

• 汇总方式:选择对要汇总的数据项进行哪种汇总运算,根据不同的需要可选择求和、求平均值、求最大值、求最小值等。

• 选定汇总项:选择对数据清单中的哪些字段的数据进行汇总。

2. 查看分类结果

数据分类汇总后,数据列表中将包括原来的数据和汇总数据,如果不想显示全部数据,则可以单击左侧的一排按钮 1 2 3 来实现。

(1) 单击按钮 1 ,将只显示总计汇总结果。

(2) 单击按钮 2 ,则显示每组汇总结果和总计汇总结果。

(3) 单击按钮 3 ,则显示所有汇总结果和原来的数据。

(4) 使用左侧的 − 和 + 按钮,还可以展开或折叠某组数据。

2. 删除分类汇总

删除分类汇总的方法是:先单击【数据】菜单下的【分类汇总】命令,打开【分类汇总】对话框,然后单击其中的【全部删除】按钮。

任务 5 创建图表

图表是指将工作表中的数据用图形表示出来,与生成它们的工作表相链接。当修改工作表数据时,图表也会被更新。

创建图表要以工作表中的数据为基础，工作表中的数据转化为图表的一连串数值的集合，称其为数据系列，因此在创建图表时必须选定数据源。

操作一　创建图表

在 Excel 2013 中，在【插入】→【图表】组中单击右下角的对话框启动器按钮，打开【插入图表】对话框，在其中可以创建 Excel 2013 提供的所有图表。图 4-39 所示是某学校各年级人数统计，现在要根据其中的数据创建图表。其操作步骤如下。

① 如图 4-39 所示，在工作表中选中用于生成图表的源数据区域。

某学校各年级人数统计				
年级	2012年	2013年	2014年	2015年
一年级	100	105	112	98
二年级	96	125	100	87
三年级	110	98	106	115
四年级	96	102	114	107
五年级	120	114	97	105

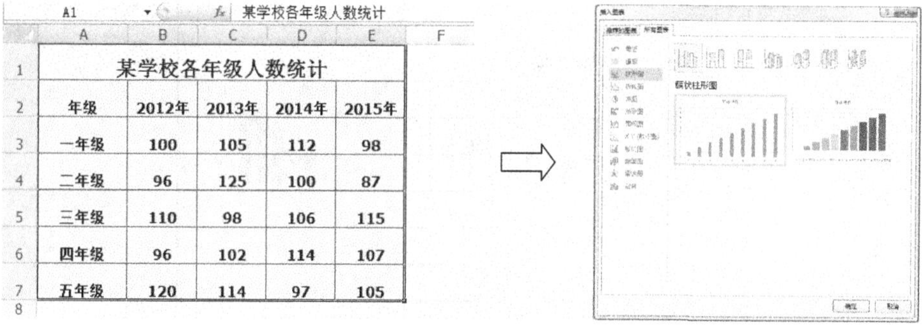

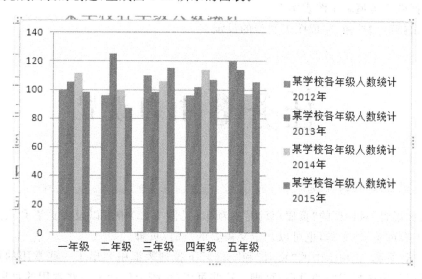

图 4-39　创建图表过程

② 进入【插入图表】对话框。

③ 在【插入图表】对话框的【所有图表】选项卡下选择需要的图表类型。

④ 在右边的子图表类型列表中单击选择指定类型下的子类型，然后单击【确定】按钮。这样即可完成图表的创建，生成图 4-40 所示的图表。

图 4-40　创建完成的图表

操作二　改变图表类型 ▼

改变图表类型的操作步骤如下。

① 选中要改变类型的图表。

② 右击鼠标,从弹出的快捷菜单中选择【更改图表类型】命令,弹出【更改图表类型】对话框,如图 4-41 所示。

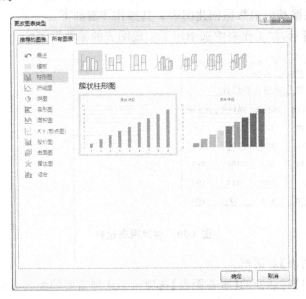

图 4-41　【更改图表类型】对话框

③ 选择图表类型和子图表类型。

④ 单击【确定】按钮,完成图表类型的设定。

任务 6　打印设置

操作一　设置页眉/页脚 ▼

在"页面设置"对话框的"页眉/页脚"选项卡(见图 4-42)中可以设置页眉和页脚。用户可以选择现有的页眉/页脚,也可以自定义需要的页眉/页脚。

在"页眉/页脚"选项卡中的"页眉"和"页脚"下拉列表框中列出了一些常用的页眉和页脚,用户可以从中选择需要的页眉/页脚。这些页眉/页脚中包括了一些常用的页眉/页脚内容,如当前页码、总页数、工作表名称等。

如果在"页眉"或"页脚"列表框中选择"无"选项,则可以删除页眉或页脚。

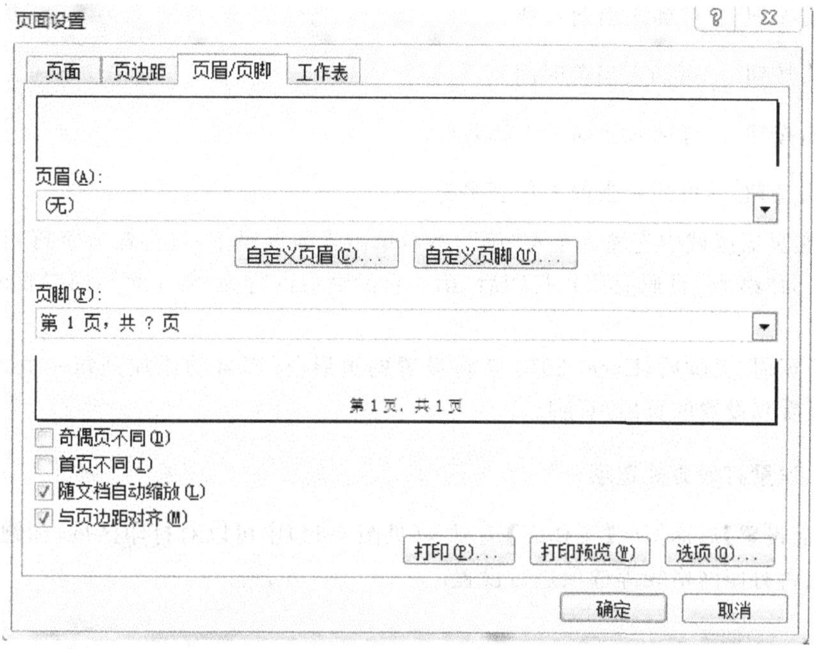

项目 4　Excel 2013的应用

图 4-42　【页眉/页脚】选项卡

如果在"页眉"和"页脚"列表框中没有需要的页眉/页脚,则可以自己输入页眉/页脚。单击"页眉/页脚"选项卡中的"自定义页眉"按钮或"自定义页脚"按钮可打开图 4-43 所示"页眉"对话框或"页脚"对话框,在对话框中可根据需要自定义页眉/页脚。

图 4-43　【页眉】和【页脚】对话框

页眉和页脚区域通常分为左、中、右三个区域,用户可在对话框的【左】、【中】、【右】文本框中分别输入三个区域中的内容。在输入过程中如果要插入当前页码、总页数、当前日期、当前时间、工作簿名称或工作表名称,则可以单击对话框中相应的按钮,操作方法如下。

- 单击按钮 A 可以打开"字体"对话框,然后可设置选中字符的字体格式。
- 单击按钮 可插入当前页的页码。
- 单击按钮 可插入总页数。

- 单击按钮 🗓 可插入当前日期。
- 单击按钮 🕒 可插入当前时间。
- 单击按钮 📄 可插入当前工作簿名称。
- 单击按钮 📋 可插入当前工作表名称。

例如,在页眉区域中先输入字符"第",然后单击当前页码按钮,再输入字符"页"(此时页眉内容显示为"第 &[页码]页"),打印后,第一页的页眉内容为"第 1 页",第二页的页眉内容为"第 2 页"。

设置了页眉/页脚后,Excel 2013 会将设置的页眉/页脚自动添加到每一页上。在打印预览时可以看到设置的页眉/页脚。

操作二 设置打印方式选项

在【页面设置】对话框的【工作表】选项卡(见图 4-44)中可以对打印区域、标题行区域、打印顺序及是否打印网格线等选项进行设置。

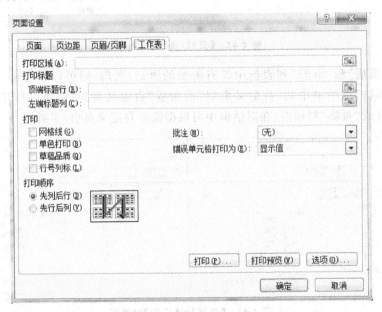

图 4-44 【工作表】选项卡

在【打印区域】框中可以指定工作表中需打印的区域。在【打印标题】选项组中可以指定工作表中的行标题或列标题区域。

在【打印】选项组中可以选择是否打印网格线、是否进行单色打印、是否按草稿品质打印、是否打印行号列标及是否打印批注。单色打印将把彩色的工作表按黑白方式打印,草稿品质打印将忽略格式和大部分图形,这两种打印方式都可以提高打印速度。在【打印顺序】选项组中可以选择【先列后行】或【先行后列】的打印顺序。

操作三　打印预览

在打印输出之前,可以选择【文件】→【打印】命令,或者单击【页面设置】对话框中【工作表】选项卡下的【打印预览】按钮,屏幕上出现打印预览窗口,如图 4-45 所示。

通过窗口左侧的设置,可以以各种不同的方式查看打印效果,或调整版面的设置,还可以直接打印工作表。

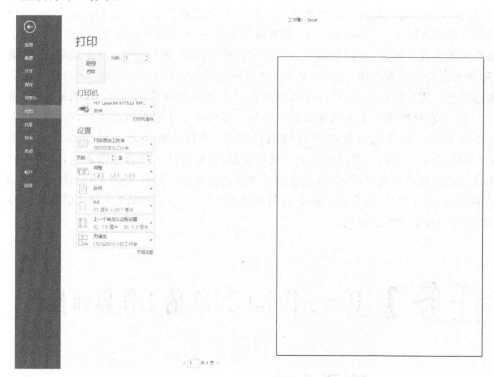

图 4-45　打印预览窗口

操作四　打印

要打印工作表,具体操作步骤如下。

① 打开打印机的电源,装好纸。
② 选择【文件】→【打印】命令,弹出图 4-45 所示的打印窗口。
③ 根据需要选择适当的打印方式。
④ 单击【打印】按钮,打印出选定的工作表。

项目5 PowerPoint 2013的应用

PowerPoint 2013是一种操作简单,集文字、图形、图像、声音于一体的多媒体制作和演示工具,是目前最受欢迎的演示文稿制作软件。本章要求能够了解并掌握PowerPoint 2013的基本操作。利用Microsoft PowerPoint简单易用的专业演示文稿创建工具,已经改变了人们交流意见的方式。例如,可以将演示文稿应用在教育训练、团体讨论、商业规划、进度报告、项目管理及市场营销等方面。PowerPoint通过增加图像、声音甚至视频,让用户清楚而简明地表达思想。用户使用PowerPoint可以在同一个档案中建立幻灯片、演讲备忘录、讲义及讲演大纲,并在功能强大工具的帮助下一步接一步地建立及组织演示文稿,使讲演或者展示更加生动精彩。制作幻灯片的最终目的是放映,设置放映演示文稿的方式是利用PowerPoint制作演示文稿的一个重要环节。通过设置,将幻灯片的内容串联起来,同时可以设计许多特殊的放映效果来吸引观众,增加演示文稿的表现力。Microsoft PowerPoint 2013具有全新的外观,更加简洁,适合在平板电脑和手机上使用。演示者视图可自动适应投影设置,甚至可以在一台监视器上使用它。

任务1 PowerPoint 2013的工作界面操作

操作一 认识PowerPoint 2013的工作界面

【学习目标】

掌握启动PowerPoint 2013工作界面的方法。

【操作概述】

在Office 2013中启动、关闭程序的方法是一样的。下面介绍如何启动PowerPoint 2013。

【操作步骤】

1. 启动PowerPoint 2013

要启动PowerPoint 2013,可采用以下几种方法。

• 选择菜单【开始】→【所有程序】→【Microsoft Office 2013】→【PowerPoint 2013】命令。

• 双击任务栏上的PowerPoint 2013的快捷方式图标 。

项目 5　PowerPoint 2013 的应用

- 双击桌面上的 PowerPoint 2013 的快捷方式图标 。

进入图 5-1 所示的开启界面,我们可以选择左边红色区域最下排的 打开其他演示文稿 来打开已有 PowerPoint 文档,或者选择白色区域的新建空白文档,或者选择新建模板和主题。模板是现成的样式(包括图片动画等),是别人设定好的 PowerPoint 课件,用户可以直接在设定好的位置输入内容,其他不用更改,直接输入内容就可以使用了。

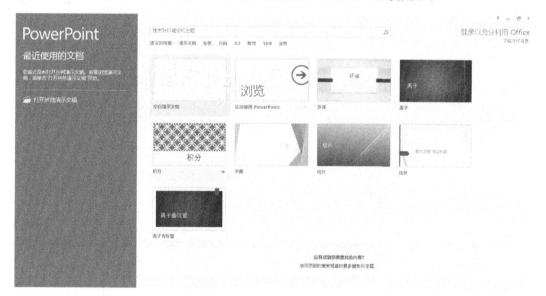

图 5-1　PowerPoint 2013 开启界面

2. PowerPoint 2013 的退出

要退出 PowerPoint 2013,可采用以下几种方法。

- 直接双击 PowerPoint 2013 标题栏左上角的控制菜单图标 。

- 单击 PowerPoint 2013 标题栏左上角的控制菜单图标 ,在弹出的菜单中选择【关闭】命令。

- 按快捷键 Alt+F4。

- 单击标题栏右边的 ✕ 按钮。

PowerPoint 2013 的启动、保存和退出的基本操作方法与 Word 2013 和 Excel 2013 相同。下面主要介绍 PowerPoint 2013 特有的功能和工作界面。

3. PowerPoint 2013 的工作界面

窗口分成三栏,中间宽大的是工作区,左边是幻灯片的序号,右边是任务属性窗格,幻灯片主要在中间的工作区中进行。启动 PowerPoint 2013 后,将进入 PowerPoint 的工作界面,如图 5-2 所示。其中多个组成部分与 Word 2013 和 Excel 2013 相同,下面仅介绍 PowerPoint 2013 特有组成部分。

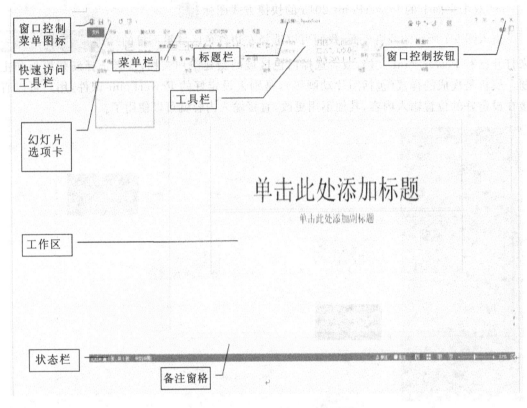

图 5-2　PowerPoint 2013 工作界面

大纲窗口：用于显示演示文稿的幻灯片数量和位置，通过它可更加方便地掌握演示文稿的结构，包括"幻灯片"和"大纲"两个选项卡，单击不同的选项卡可在不同的窗格间切换，默认打开"幻灯片"窗格。在"幻灯片"窗格中显示了整个演示文稿中幻灯片的编号及缩略图，在"大纲"窗格下列出了当前演示文稿中各张幻灯片中的文本内容。

工作区：幻灯片窗口是演示文稿的核心部分，它可将幻灯片的整体效果形象地呈现出来。在其中可对幻灯片进行编辑文本、插入图片、声音、视频和图表等操作。

备注窗格：位于 PowerPoint 2013 工作窗口的底部，在其中可对幻灯片进行附加说明。

状态栏：位于窗口底端，主要用于显示当前演示文稿的编辑状态和显示模式。拖动幻灯片显示比例栏中的图标 ▬ 或者单击 ▬、▬ 按钮，可调整当前幻灯片的显示比例，单击右侧的 ▬ 按钮，可按当前窗口大小自动调整幻灯片的显示比例，使其在当前窗口中可以看到幻灯片的整体效果，且显示比例为最大。

操作二　新建/打开演示文稿

【学习目标】

学习并掌握新建演示文稿的方法，以及打开已有演示文稿的方法。

项目 5 PowerPoint 2013 的应用

【操作概述】

新建和打开演示文稿是 PowerPoint 的基本操作。

【操作步骤】

1. 创建新的演示文稿

如图 5-3 所示,选择【文件】→【新建】→【空白演示文稿】。

2. 打开计算机中已有的演示文稿

选择【文件】→【打开】→【计算机】,选择计算机中文件相应的盘符,找到计算机中的具体位置,单击【打开】按钮,如图 5-4 所示。

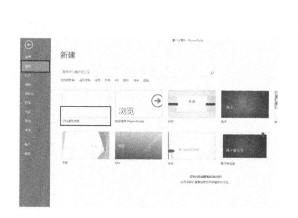

图 5-3 新建空白演示文稿

图 5-4 打开已有演示文稿

任务 2 幻灯片的编辑

操作一 PowerPoint 2013 幻灯片的编辑

【学习目标】

掌握 PowerPoint 2013 的编辑方法。

【操作概述】

PowerPoint 2013 和前面的 Word 2013 和 Excel 2013 不一样,以下介绍 PowerPoint 2013 的特有性。

【操作步骤】

1. 选择幻灯片

选择单张幻灯片：鼠标左键单击相应幻灯片即可选中。

选择连续多张幻灯片：选中第一张幻灯片，按住键盘上的 Shift 键，单击最后一张幻灯片。

选择非连续幻灯片：按住键盘上的 Ctrl 键，依次选择各张幻灯片。

2. 新建与删除幻灯片

1）新建幻灯片

方法一：【开始】选项卡→【幻灯片】组→【新建幻灯片】按钮，如图 5-5 所示。

方法二：选中幻灯片→右击→【新建幻灯片】命令，如图 5-6 所示。

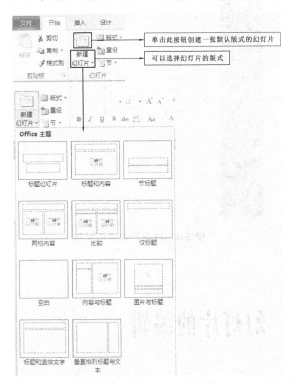

图 5-5　新建幻灯片方法一　　　　图 5-6　新建幻灯片方法二

方法三：直接敲击键盘上的回车键（Enter 键）。

2）删除幻灯片

方法一：选中幻灯片→右击→【删除幻灯片】命令，如图 5-7 所示。

方法二：选中幻灯片→敲击键盘上的 Backspace（退格键）或 Delete（删除键）。

3. 复制幻灯片

1）在本文档内复制幻灯片

选中幻灯片→右击→【复制幻灯片】命令，如图 5-8 所示。

项目 5　PowerPoint 2013的应用

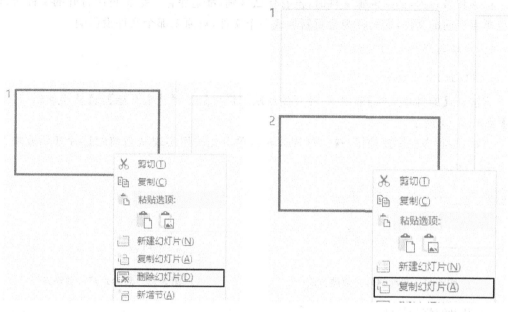

图 5-7　删除幻灯片　　　　　　　　图 5-8　在本文档内复制幻灯片

2）不同文档间复制幻灯片

在某一文档选中幻灯片，右击→单击【复制】命令，在另一文档合适的位置，右击→【粘贴选项】→【使用目标主题】，如图 5-9 所示。

4．移动幻灯片

方法一：鼠标左键直接拖动幻灯片进行移动。

方法二：选中幻灯片，右击→【剪切】，在合适的位置，右击→【粘贴选项】→【使用目标主题】。

5．保存演示文稿

单击【文件】→【保存】或【另存为】命令，如图 5-10 所示。

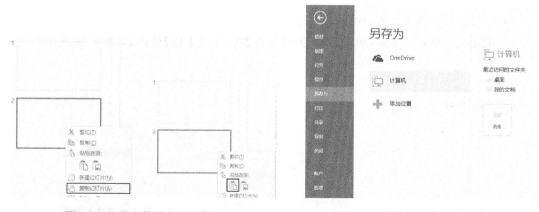

图 5-9　不同文档间复制幻灯片　　　　　　图 5-10　保存演示文稿

保存和另存为,初次编辑文件时,没有什么区别,都是保存。编辑再次打开的文件时,保存会覆盖当前的文件,而另存为会重新生成一个文件,对原来那个文件没影响。

6. 启动与退出幻灯片放映

1) 启动幻灯片放映

方法一:【幻灯片放映】选项卡→【开始放映幻灯片】组→【从头开始】或【从当前幻灯片开始】,如图5-11所示。

方法二:状态栏快捷按钮→【幻灯片放映】,单击此按钮实现从当前幻灯片开始放映,如图5-12所示。

图 5-11 启动幻灯片放映方法一

图 5-12 启动幻灯片放映方法二

2) 退出幻灯片放映

按一下键盘左上角的 Esc 键即可退出放映。

操作二 PowerPoint 2013 页面内容的编辑

【学习目标】

掌握 PowerPoint 2013 的文字编辑方法。

【操作概述】

PowerPoint 2013 有独特的文字编辑方法,在整个版面任何地方都可以任意地排版编辑。

【操作步骤】

1. 输入文字

- 通过占位符输入文本,如图 5-13 所示。
- 利用文本框输入文本,单击【插入】→【文本】组→【文本框】按钮,如图 5-14 所示。

图 5-13 通过占位符输入文本　　　　图 5-14 利用文本框输入文本

2. 调整文本框大小及设置文本框格式

1) 调整文本框大小

方法一：当光标变为双向箭头时，按住鼠标左键直接拖动文本框控制点即可对大小进行粗略设置。

方法二：选中文本框→【绘图工具】→【格式】选项卡→【大小】组→【高度】和【宽度】（精确设置数值），如图 5-15 所示。

2) 设置文本框格式

选中文本框→【绘图工具】→【格式】选项卡→【形状样式】组→【形状填充】/【形状轮廓】/【形状效果】，如图 5-16 所示。

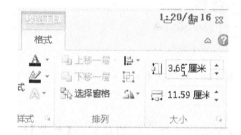

图 5-15　调整文本框大小　　　　　图 5-16　设置文本框格式

3. 选择文本及文本格式化

1) 选择文本

方法一：利用鼠标左键拖动选择文本。

方法二：选中文本框也可以选择该文本框内的文本。

2) 文本格式化

选中文本→【开始】选项卡→【字体】组，如图 5-17 所示。

在【字体】对话框中可以对文本进行更加详细的设置。

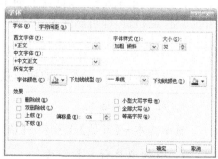

图 5-17　设置文本格式　　　　　　图 5-18　【字体】对话框

4．复制和移动文本

1）在本文档内复制文本

选中文本→【开始】选项卡→【剪贴板】组→【复制】按钮→选择合适的位置→【粘贴】按钮→【粘贴选项】→【只保留文本】，如图 5-19 和图 5-20 所示。

图 5-19　复制文本

图 5-20　粘贴文本

2）在本文档内移动文本

选中文本→【开始】选项卡→【剪贴板】组→【剪切】按钮→选择合适的位置→【粘贴】按钮→【粘贴选项】→【只保留文本】。

3）不同文档间复制文本

选中文本，右击→【复制】命令，在合适的位置，右击→【粘贴选项】→【只保留文本】。

4）不同文档间移动文本

选中文本，右击→【剪切】命令，在合适的位置，右击→【粘贴选项】→【只保留文本】。

5．删除与撤销删除文本

1）删除文本

方法一：选中文本→按键盘上的 Delete 键（删除键）或者 Backspace 键（退格键）。

方法二：定位光标，按键盘上的 Delete 键（删除键）即可删除光标之后的文本，按 Backspace 键（退格键）即可删除光标之前的文本。

2）撤销删除文本

单击快速访问工具栏上的撤销按钮　　　即可撤销删除文本。

6．设置段落格式

选中文本→【开始】选项卡→【段落】组，如图 5-21 所示。

7．添加项目符号和编号

选中文本→【开始】选项卡→【段落】组→【项目符号】/【编号】，如图 5-22 所示。

项目 5　PowerPoint 2013 的应用

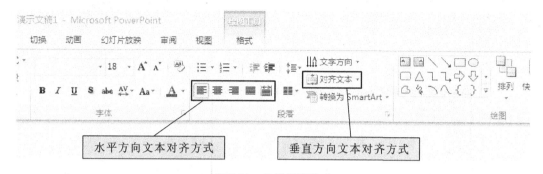

图 5-21　设置段落格式

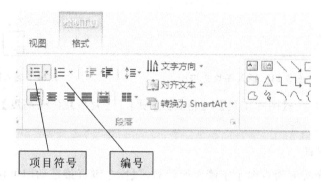

图 5-22　添加项目符号和编号

操作三　PowerPoint 2013 图片内容的编辑

【学习目标】

掌握 PowerPoint 2013 的图片编辑方法。

【操作概述】

PowerPoint 2013 有独特的图片编辑方法，在整个版面的任何地方都可以对图片进行自由的调整编辑。

【操作步骤】

1．插入图片

方法一：【插入】→【图像】组→【图片】按钮→【插入图片】对话框，如图 5-23 所示。
方法二：利用复制/粘贴命令插入图片。
选中图片→右击→【复制】命令→在合适位置→右击→【粘贴选项】→【图片】命令，如图 5-24 所示。

2．调整图片的大小、位置及旋转

1）调整图片大小

方法一：当光标变为双向箭头形状时，鼠标左键拖动图片控制点即可对大小进行粗略设置。

图 5-23 插入图片方法一

5-24 插入图片方法二

方法二：选中图片→【图片工具】→【格式】选项卡→【大小】组→【高度】和【宽度】（精确设置其数值），如图 5-25 所示。

2）调整图片位置

选中图片，当光标变为双向十字箭头形状时，鼠标左键直接拖动即可移动图片位置。

3）旋转图片

旋转图 5-26 所示的控制点即可对图片进行旋转操作。

图 5-25 调整图片大小

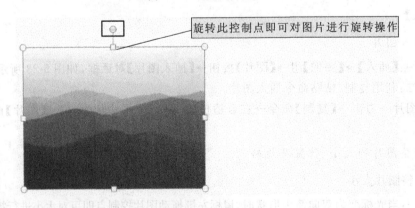

图 5-26 旋转图片

3. 设置图片的叠放次序

选中图片→【图片工具】→【格式】选项卡→【排列】组→【上移一层】或【下移一层】，如图 5-27 所示。

单击【选择窗格】按钮，在右侧的【选择和可见性】面板中，我们可以对幻灯片对象的可见性和叠放次序进行调整，如图 5-28 所示。

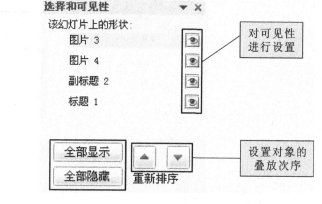

图 5-27 设置图片的叠放次序　　　　图 5-28 【选择和可见性】面板

4. 图片的裁剪

选中图片→【图片工具】→【格式】选项卡→【大小】组→【裁剪】按钮，弹出下拉菜单。

- 按纵横比裁剪图片，如图 5-29 所示。
- 自由裁剪图片，如图 5-30 所示。

图 5-29 按纵横比裁剪　　　　图 5-30 自由裁剪图片

- 将图片裁剪为不同的形状,如图 5-31 所示。将图 5-32(a)裁剪为波形,其效果如图 5-32(b)所示。

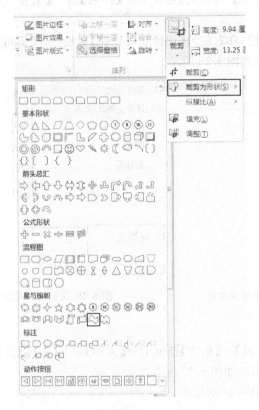

图 5-31 将图片裁剪为不同的形状

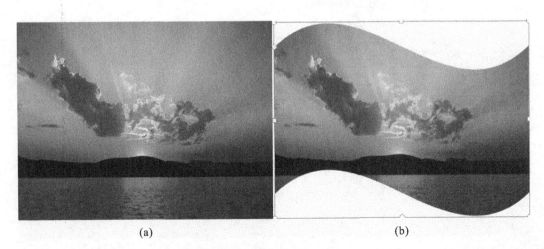

(a)　　　　　　　　　　　　(b)

图 5-32 最终效果(波形)

5．亮度和对比度调整

选中图片→【图片工具】→【格式】选项卡→【调整】组→【更正】按钮→【亮度和对比度】，如图5-33所示。

6．设置幻灯片背景

方法一：【设计】选项卡→【自定义】组→【设置背景格式】按钮→【设置背景格式】面板→【填充】→【纯色填充】/【渐变填充】/【图片或纹理填充】/【图案填充】，如图5-34所示。

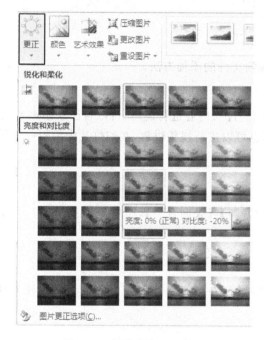

图5-33　调整亮度和对比度　　　　图5-34　【设置背景格式】面板

方法二：【插入】→【图像】→【图片】→插入图片，调整图片大小→选中图片→【图片工具】→【格式】选项卡→【排列】组→【下移一层】→【置于底层】，效果如图5-35所示。

图5-35　设置幻灯片背景方法二

任务3 多媒体处理及动作处理操作

操作一 多媒体效果的添加

【学习目标】

掌握 PowerPoint 2013 音频文件和视频文件的添加方法。

【操作概述】

在 PowerPoint 2013 中,可以添加音频文件对内容进行讲解,可以自己录制声音,也可以调用他人的声音文件。在有必要的时候,也可以进行视频讲解,在幻灯片中编辑一段视频。

【操作步骤】

1. 插入音频

【插入】→【媒体】→【音频】→【PC 上的音频】/【录制音频】,如图 5-36 所示。

2. 声音图标大小、位置调整

1) 调整声音图标大小

方法一:当光标变为双向箭头形状时,鼠标左键直接拖动图标控制点即可粗略调整大小,如图 5-37 所示。

图 5-36 插入音频

图 5-37 调整声音图标大小方法一

方法二:选中图标→【音频工具】→【格式】选项卡→【大小】组→【高度】和【宽度】(可以精确设置数值),如图 5-38 所示。

2) 调整声音图标位置

选中图标,光标变为十字双向箭头时,左键直接拖动即可调整位置。

3. 设置音频文件

1) 调整声音图标颜色

选中声音图标→【音频工具】→【格式】选项卡→【调整】组→【颜色】按钮，如图 5-39 所示。

图 5-38 调整声音图标大小方法二　　　图 5-39 调整声音图标颜色

2) 设置音频文件

选中声音图标→【音频工具】→【播放】选项卡→【音频选项】组→【开始（自动/单击时）】/【跨幻灯片播放】/【循环播放，直到停止】，如图 5-40 所示。

4. 插入视频

PowerPoint 2013 支持的视频格式有 .swf(Flash 动画)、.avi、.mpg、.wmv 等。其他格式的视频需要转化格式才能插入到幻灯片中，如格式工厂。

【插入】→【媒体】组→【视频】按钮→【联机视频】/【PC 上的视频】，如图 5-41 所示。

图 5-40 设置音频文件　　　图 5-41 插入视频

5. 调整视频大小、样式

1) 调整视频大小

方法一：当光标变为双向箭头形状时，鼠标左键直接拖动控制点即可粗略调整大小。

方法二：选中视频→【视频工具】→【格式】选项卡→【大小】组→【高度】和【宽度】（可以精确设置数值），如图5-42所示。

2）设置视频样式

选中视频→【视频工具】→【格式】选项卡→【视频样式】组→选择视频样式，如图5-43所示。

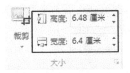

图 5-42　调整视频大小

图 5-43　设置视频样式

操作二　动画的设置

【学习目标】

掌握PowerPoint 2013的动画设置。

【操作概述】

在PowerPoint 2013中，一段动作可以更加生动形象地解决一些问题，让整个课堂动起来。

【操作步骤】

1. 文本进入效果——飞入

1）飞入效果设置

选中文本对象→【动画】选项卡→【动画】组→【其他】按钮→【进入】→【飞入】效果，如图5-44和图5-45所示。

图 5-44　设置飞入效果一

图 5-45　设置飞入效果二

2）飞入方向设置

选中文本对象→【动画】选项卡→【动画】组→【效果选项】→【自右侧】，如图5-46所示。

3）动画持续时间

选中文本对象→【动画】选项卡→【计时】组→【持续时间】，如图 5-47 所示。

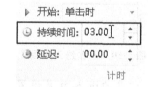

图 5-46　设置飞入方向　　图 5-47　设置动画持续时间

2．设置文本发送方式

选中文本对象→【动画】选项卡→【高级动画】组→【动画窗格】按钮→【动画窗格】面板，右击→【效果选项】→【飞入】对话框→【效果】选项卡（见图 5-48）→【方向（自右侧）】/【动画文本（按字母）/字母之间延迟百分比（50）】→【计时】选项卡→【期间（快速 1 秒）】，如图 5-49 所示。

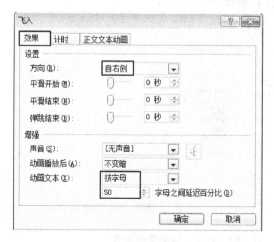

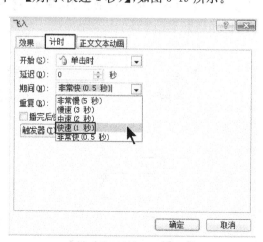

图 5-48　【效果】选项卡　　　　　　　　图 5-49　【计时】选项卡

3. 文本对象的其他进入效果

选中文本对象→【动画】选项卡→【动画】组→【其他】按钮→【更多进入效果】,如图 5-50 所示,弹出【更改进入效果】对话框,如图 5-51 所示。

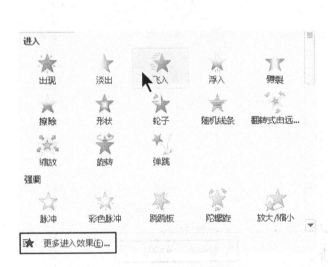

图 5-50　更多进入效果　　　　　　5-51　【更改进入效果】对话框

4. 图片等其他对象的进入效果设置

1) 设置图片等其他对象的进入效果

选中对象→【动画】选项卡→【动画】组→【其他】按钮→【更多进入效果】。

2) 设置入场动画的声音

选中对象→【动画】选项卡→【高级动画】→【动画窗格】按钮→【动画窗格】面板,右击→【效果选项】(见图 5-52)→【效果】选项卡→【声音】,如图 5-53 所示。

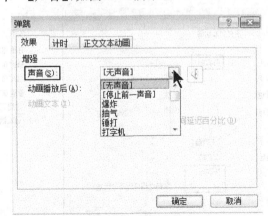

图 5-52　选择【效果选项】　　　　图 5-53　设置入场动画的声音

5. 控制动画的开始方式

1) 设置动画的开始方式

首先为各个对象设置好入场动画→选中对象→【动画】选项卡→【计时】组→【开始】→【单击时】/【与上一动画同时】/【上一动画之后】,如图 5-54 所示。

单击时:单击鼠标后开始动画。
与上一动画同时:与上一个动画同时呈现。
上一动画之后:上一个动画出现后自动呈现。

2) 对动画重新排序

首先为各个对象设置好入场动画→选中对象→【动画】选项卡→【计时】组→【对动画重新排序】→【向前移动】/【向后移动】,如图 5-55 所示。

图 5-54　设置动画的开始方式　　　图 5-55　对动画重新排序

6. 删除动画

选中设置动画的对象→【动画】选项卡→【高级动画】组→【动画窗格】→单击所选对象右侧的下三角按钮→【删除】命令,如图 5-56 所示。

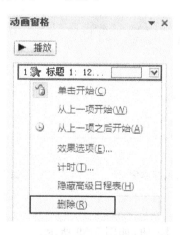

图 5-56　删除动画

操作三　艺术字和自选图形的插入

【学习目标】

掌握 PowerPoint 2013 的艺术字效果和自选图形设置。

【操作概述】

在 PowerPoint 2013 中，添加艺术字和自选图形，可以让整个页面色彩丰富，更突出视觉效果。

【操作步骤】

1. 插入艺术字

【插入】→【文本】组→【艺术字】按钮，如图 5-57 所示。

2. 设置艺术字样式

选中艺术字→【绘图工具】→【格式】选项卡→【艺术字样式】组→【快速样式】/【文本填充】/【文本轮廓】/【文本效果】，如图 5-58 所示。

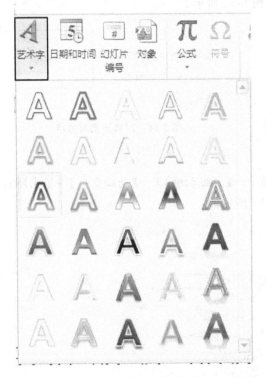

图 5-57　插入艺术字　　　　图 5-58　设置艺术字样式

3. 绘制自选图形

【插入】→【插图】组→【形状】按钮，如图 5-59 所示。

1）调整自选图形大小

方法一：选中自选图形，当光标变为双向箭头形状时，鼠标左键拖动控制点即可粗略调整其大小。

方法二：选中自选图形→【绘图工具】→【格式】选项卡→【大小】组→【高度】和【宽度】（精确设置数值大小）。

2) 调整自选图形位置

选中自选图形,光标变为十字双向箭头时,鼠标左键直接拖动即可调整其位置。

4. 设置自选图形样式/为自选图形添加文本

1) 设置自选图形样式

选中自选图形→【绘图工具】→【格式】选项卡→【形状样式】组→【其他按钮】/【形状填充】/【形状轮廓】/【形状效果】,如图 5-60 所示。

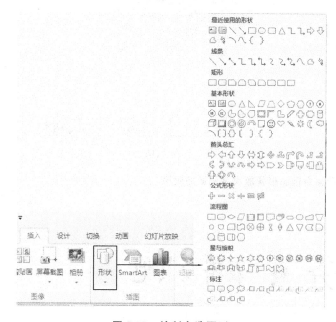

图 5-59　绘制自选图形　　　　　　　图 5-60　设置自选图形样式

2) 为自选图形添加文本

选中自选图形→右击→【编辑文字】命令,如图 5-61 所示。输入文本,效果如图 5-62 所示。

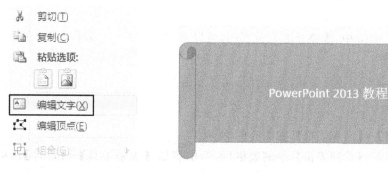

图 5-61　选择【编辑文字】　　　　　　图 5-62　添加文本

5. 调整自选图形叠放次序

选中自选图形→【绘图工具】→【格式】选项卡→【排列】组→【上移一层】/【置于顶层】/【下移一层】/【置于底层】，如图 5-63（a）所示。调整自选图形叠放次序的最终效果如图 5-63（b）所示。

(a)   (b)

图 5-63 调整自选图形叠放次序及最终效果

任务 4 表格及其他

操作一 表格的插入

【学习目标】

掌握 PowerPoint 2013 中表格的插入方法。

【操作概述】

在 PowerPoint 2013 中，表格是非常重要的，可以直观地反映一些数据问题，在进行数据分析讲解中非常重要。

【操作步骤】

1. 插入表格

【插入】→【表格】→【插入表格】，如图 5-64 所示。

【插入】→【表格】→【绘制表格】，绘制表格后，选中表格，【表格工具】→【设计】选项卡→【绘图边框】组→【绘制表格】/【擦除】，如图 5-65 所示。

项目 5 PowerPoint 2013的应用

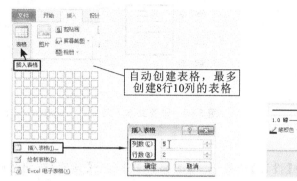

图 5-64 插入表格

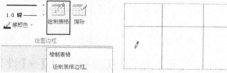

图 5-65 绘制表格

2. 设置行高和列宽

方法一：鼠标放在行或列的分割线上，当光标变为双向箭头时即可粗略地调整行高或列宽。

方法二：选中行或列→【表格工具】→【布局】选项卡→【单元格大小】组→【高度】/【宽度】（精确设置数值），如图 5-66 所示。

3. 调整表格位置/在单元格中输入文本

调整表格位置：将光标定位在表格边框上，当光标变为十字双箭头形状时即可移动表格的位置。

在单元格中输入文本：光标定位在某一单元格内即可进行文本输入。

4. 设置字体格式

1）设置表格内字体的格式

选中表格（将光标定位在表格边框上，当光标变为十字双箭头形状时单击边框即可选中表格）→【开始】选项卡→【字体】组→【字号/字体/颜色/加粗/倾斜】，如图 5-67 所示。

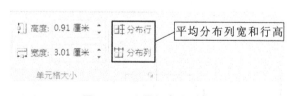

图 5-66 设置行高和列宽

图 5-67 设置表格内字体的格式

2）文字对齐方式

选中文本→【表格工具】→【布局】选项卡→【对齐方式】组，选择需要的对齐方式，如图 5-68 所示。

3）设置文本方向

选中文本→【表格工具】→【布局】选项卡→【对齐方式】组→【文字方向】，如图 5-69 所示。

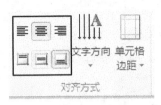 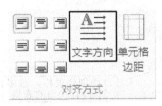

图 5-68 设置文字对齐方式　　图 5-69 设置文本方向

5. 表格样式

光标定位在表格内→【表格工具】→【设计】选项卡→【表格样式】组→【其他】按钮/【底纹】/【边框】,如图 5-70 所示。

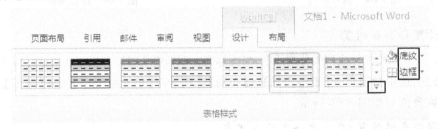

图 5-70 设置表格样式

6. 插入或删除行/列

插入行:光标定位到相应单元格→【表格工具】→【布局】选项卡→【行和列】组→【在上方插入】/【在下方插入】,如图 5-71 所示。

插入列:光标定位到相应单元格→【表格工具】→【布局】选项卡→【行和列】组→【在左侧插入】/【在右侧插入】,如图 5-71 所示。

删除行/列:光标定位到相应单元格→【表格工具】→【布局】选项卡→【行和列】组→【删除】→【删除行】/【删除列】,如图 5-72 所示。

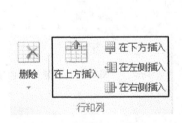 

图 5-71 插入行/列　　图 5-72 删除行/列

操作二　页面的切换

【学习目标】

掌握 PowerPoint 2013 的页面切换方法。

项目 5　PowerPoint 2013的应用

【操作概述】

在 PowerPoint 2013 中，页面的切换方式多样化，可以让整个动画更生动，让演讲者讲解更方便，也便于提高学生的注意力。

【操作步骤】

1. 设置页面切换方式

选中幻灯片→【切换】选项卡→【切换到此幻灯片】组→【其他】按钮，如图 5-73 所示。

2. 切换音效及换片方式

选中幻灯片→【切换】选项卡→【计时】组→【声音】/【换片方式】，如图 5-74 所示。

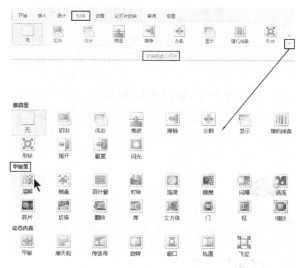

图 5-73　设置页面切换方式

图 5-74　设置切换音效及换片方式

3. 添加翻页按钮

【插入】→【插图】→【形状】→【动作按钮】→【上一页】/【下一页】，如图 5-75 所示。图 5-76 所示为翻页按钮动作设置。

图 5-75　添加翻页按钮　　　　　图 5-76　翻页按钮动作设置

4. 视图切换及快速调整幻灯片的位置

1）视图切换

方法一：【视图】→【演示文稿视图】组→【普通】视图/【大纲视图】/【幻灯片浏览】视图，等等，如图 5-77 所示。

方法二：单击状态栏上的视图快速切换按钮，如图 5-78 所示。

图 5-77　视图切换方法一　　　　　　图 5-78　视图切换方法二

2）快速调整幻灯片的位置

在幻灯片浏览视图中可以快速调整幻灯片的位置顺序，如图 5-79 所示。

图 5-79　快速调整幻灯片位置